아톰@비트

Atom 아톰 @ 비트 Bit

정진홍 지음

푸른숲

■저자의 말

나는 겨울 나무를 좋아한다. 특히 파아란 하늘에 걸린 나뭇가지들의 뻗침은 참 아름답다. 가만히 그 나뭇가지 끝을 보노라면 하나같이 씨눈을 지니고 있음을 알 수 있다. 그 씨눈은 봄의 향긋함도, 지난 여름의 뜨거움도, 가을 단풍 속에 머금은 햇살도 모두 고스란히 기억한 채 다시 새봄을 기다린다. 그 기억과 기다림 속에 겨울 나무의 씨눈은 존재한다. 그 씨눈이 머금은 기억들이 기다림 끝에 다시 개화하는 날 세상은 또 얼마나 변해 있을 것인지…….

늦은 밤, 눈이 내렸다. 소복이 내렸다. 그 눈 덮인 남산길을 걸었다. 아스팔트 위를 하얗게 뒤덮은 눈은 화선지같이 펼쳐지고 가로등불에 비친 씨눈의 꿈을 머금은 나뭇가지들이 그 위에 한 폭의 동양화처럼 프린팅되었다. 그 어떤 동양화의 운필보다도 놀랍고 아름다웠다.

그 느낌들이 이 책을 읽는 독자들에게도 전해질 수 있기를.

■ 프롤로그

이것이 밀레니엄 컬처다

그것은 경계를 허물고 울타리를 부순다. 그것은 정주민의 것이 아니라 유목민의 것이다. 그것은 이벤트이기보다는 일상으로의 회귀다. 그것은 엄숙한 문화의 모습이기보다는 탈(脫)문화·반(反)문화의 패러독스를 통해 여과된 생화(生化)와 동화(動化)의 모습이다. 그것은 디지털화되고 철저히 유저 중심적이다. 그것은 시공간 압축과 팽창을 거듭하며 새롭게 주술과 감응의 세계를 펼쳐 보인다. 그것은 네트워킹화되어 있으면서 동시에 차이를 통해 자신을 드러낸다. 우리는 그것을 밀레니엄 컬처라 부른다.

첫째, 밀레니엄 컬처는 경계를 허문다.
울타리를 부순다. 종래의 장르를 넘나든다. 음악과 미술, 그리고 연극과 영화가 따로 놀지 않는다. 모두 한 덩어리가 되어 뒤엉

키며 넘치는 에너지를 폭발시키고 새로운 시너지를 분출시킨다. 자신만의 장르를 고집하거나 울타리치기를 하는 것은 더 이상 밀레니엄 컬처가 아니다. 그런 의미에서 밀레니엄 컬처는 탈경계, 탈울타리의 시너지 창출이다. 한마디로 퓨전화(fusionization)이다.

둘째, 밀레니엄 컬처는 정주민(sedentary)의 것이 아니라 유목민(nomad)의 것이다.

밀레니엄 컬처는 공간적으로 고정되거나 포박되지 않는다. 그것의 퍼포먼스를 위해 따로 고정된 무대를 요구하지도 않는다. 그것은 철저히 탈무대화하고 고정된 공간의 개념을 넘어선다. 음악을 더 이상 콘서트 홀에 가두지 않고 미술을 갤러리 안에 정주시키지 않는다. 연극을 무대 안에서 포장하지 않고 영화를 종래의 극장이라는 울타리 안에 가두지 않는다.[1] 그런 의미에서 밀레니엄 컬처는 철저히 유목민의 모습을 갖추고 있다. 그리고 그만큼 자유롭다.

셋째, 밀레니엄 컬처는 일상(日常)으로의 회귀다.

모든 컬처는 일상이라는 토양 위에서 발양되어왔다. 그러나 언제부터인가 컬처는 그 자신의 토양인 일상으로부터 이탈하기 시작했다. 아니 역으로 컬처를 낳았던 모태로서의 일상은 부지불식간에 하찮고 의미 없는 것으로 치부되었다. 그리고 그 자리에 결코 일상적이지 않은 이벤트가 대신 들어서버렸다. 이벤트가 일상을 먹어치워버린 것이다. 그러나 이벤트는 일상과는 달리 컬처를 낳을 수 있는 근원적 모성(母性)이 결여되어 있다. 그것은 화장기 짙고 요염하기까지 하지만 결코 컬처를 잉태할 수 없는 그렇고 그런 정부(情婦)일 따름이다. 그래서 밀레니엄 컬처는 다시 일상으로 회귀한다. 그 회귀를 통해 밀레니엄 컬처는 '일상의 힘'을 확인시킨다.

넷째, 밀레니엄 컬처는 더 이상 문화(文化)가 아니다.
적어도 그것은 동화(動化)이고 생화(生化)이다. 컬처를 한자어로 옮길 때 우리는 그것을 문화(文化)라고 한다. 문화! 그것은 왠지 근엄하고 숙연해지도록 우리를 강제해왔다. 그러나 컬처의 모태인 일상은 그렇게 근엄하지도 숙연하지도 않다. 오히려 일상은 때로 잡다하고 번잡하며 속스러운 것이다. 그런 의미에서 밀레니엄 컬처는 탈(脫)이벤트화하고 탈(脫)문화하는 것이다. 마침내 인간생활의 속스러움을 있는 그대로 드러내는 일상을 밀레니엄 컬처는 포옹하게 된다. 기존의 문화는 아무리 그럴듯하게 이야기하고 포장해도 결국에 가서는 정적이고 보수적이며 지배적이다. 반면에 밀레니엄 컬처는 끊임없이 동적이길 요구하고 탈(脫)보수적(반드시 진보적일 이유도 없다. 그저 탈보수면 된다)이며 지배적이길 거부한다. 한마디로 자유롭기를 희구하며 자유로움을 지향한다. 그런 의미에서 밀레니엄 컬처는 단순히 밀레니엄 문화가 아니라 밀레니엄 동화(動化)이며 생화(生化)이다. 생(生)과 동(動)! 이것이 밀레니엄 컬처의 또 다른 특징이다. 그것은 넘쳐나는 에너지 덩어리로 뛰노는 아이들의 모습을 닮았다.

다섯째, 밀레니엄 컬처는 아톰(atom)과 비트(bit)의 결합, 곧 디지털화(digitalization)이다.

밀레니엄 컬처는 아톰 영역(atomsphere)과 비트 영역(bitsphere)에서 일상화된 퍼포먼스가 디지털화를 통해 결합된 것이다. 디지털화는 밀레니엄 컬처의 기계화로의 회귀나 테크놀러지에의 복속을 의미하는 것은 결코 아니다. 이것은 이전과는 질적으로 다른 미디어 환경과 그에 따른 전혀 새로운 관계망의 표현이다. 결국 디지털은 느낌이다. 디지털화를 통해 우리를 둘러싼 미디어 환경은 인간의 오감(五感)에 접근하는 멀티미디어 환경으로 변화하게 된다. 그리고 그것을 통해 우리의 관계망은 철저히 네트워킹화되어 재구성된다. 따라서 밀레니엄 컬처는 디지털화된 멀티미디어 네트워킹을 통해 형성되는, 아톰과 비트가 결합하는 거대한 퍼포먼스의 관계망을 구축하기에 이른다.

여섯째, 밀레니엄 컬처는 철저히 유저 중심적(user-centric)이다.

종래의 문화가 생산자, 공연자 중심이었다면 밀레니엄 컬처는 소비자, 관객 중심의 과도기적 양태를 넘어서서 더욱 철저히 유저 중심으로 변화한다. 유저(user)가 왕이다. 유저로서의 경험을 갖지 못하고는 밀레니엄 컬처를 논할 수 없다. 유저들이 형성하고, 만들고, 지배하는 것이 밀레니엄 컬처이기 때문이다. 그들은 단지 소비자(consumer)가 아니다. 그들은 단지 청중(audience)이 아니다. 그들은 이미 새로운 밀레니엄 세계의 구성자요 구축자(constructor)이다. 유저를 주목하는 것, 그리고 유저들이 자유롭게

활개칠 수 있게 하는 것, 그것이야말로 밀레니엄 컬처의 핵심이다.

일곱째, 밀레니엄 컬처는 압축(compression)과 팽창(expansion)의 변증법이다.

밀레니엄 컬처는 전지구적이다. 그런 점에서 시공간적으로 팽창한다. 또한 디지털화되어 있고 네트워킹화되어 있는 멀티미디어 웹 환경(web-environment)을 통해 압축적으로 형성되는 웹 컬처(web-culture)이다. 그렇기 때문에 밀레니엄 컬처는 시공간적으로 압축과 팽창을 반복한다. 이름 그대로 시공간 압축과 팽창을 변증법적으로 전개하면서 밀레니엄 컬처는 만들어지는 것이다.

여덟째, 밀레니엄 컬처는 주술(magic)과 감응(sympathy)의 세계이다.

디지털화되고 네트워킹화된 멀티미디어 환경은 우리의 오감을 자극하며 우리를 새로운 주술과 감응의 세계로 몰아넣고 있다. 춤, 소리, 사설, 제의 등으로 현란하게 구성된 굿은 이른바 아톰 시대의 멀티미디어적 속성을 고스란히 담고 있다. 이제 비트 시대의 멀티미디어 퍼포먼스는 다시 굿과 같은 주술과 감응의 세계를 디지털 이미지로 재생시킨다. 그리고 밀레니엄 컬처는 그 새로운 주술과 감응의 세계를 파도타기(surfing)한다. 이로써 세계는 다시 재주술화(remagicalization)되고 있는 것이다.

아홉째, 밀레니엄 컬처는 네트워킹(networking)의 컬처다.

시스템(system)과 하이어라키(hierarchy)의 시대는 갔다. 이제 이것들을 대신하여 네트워킹이 들어선다. 고정되고 경화된 조직이 아니라 유연하고 가벼운 네트워킹을 통해 관계망이 구축된다. 그 새로운 관계망 속에서 밀레니엄 컬처는 싹튼다. 이는 점(点), 선(線), 그리고 면(面)의 입체적 구성으로 상징화된다. 컬처 구성의 주체들로서의 점들과 그 점들을 이어주는 관계망으로서 선, 그리고 그 점과 선이 이어지면서 나타나는 면이야말로 밀레니엄 컬처의 프리젠테이션(presentation)이 이루어지는 활성 공간이 된다. 이로써 고립되고 독점되었던 이전 시대의 컬처와는 달리 새로운 밀레니엄 컬처는 분산되고 연계된다.

열째, 밀레니엄 컬처는 차이를 드러내고 다름을 존중한다.

차이가 곧 컬처다. 이전 시대에 우리는 차이 혹은 다름을 용납하지 못했다. 지역·학연·나이 차이 등 다름이란 곧 차별의 근거였고 억압의 빌미가 되었다. 곧 고립과 '왕따'의 이유였다. 그러나 새로 맞이한 밀레니엄 시대는 더 이상 차별받는 근거가 아니라 존중받고 대접받을 근거다. 사실상 이제는 차이 혹은 다름을 드러낼 수 있는 것만이 가치를 창출한다. 밀레니엄 컬처는 철저히 차이 혹은 다름을 통해 자신을 시현(示現)한다. 그저 '튀는' 것이 아니라 진정으로 차이 나고 다를 수 있기 위해서는 각각의 정체성에 정직해야 한다. 이것은 스스로의 정체성을 좀더 명료하게 하는 데서 드러난다. 사람마다 자신만의 지문(指紋)이 있고 그것이 서로간의 차이 혹은 다름을 선언하듯이, 각각의 정체성에 충실하면 차이 혹은 다름은 자연스럽게 드러나게 된다. 이런 맥락에서 밀레니엄 컬처는 자기 정체성에 충실함으로써 스스로의 차이 혹은 다름을 노정시켜내는 것이며 그것이 차별이 아닌 대접을 받으면서 공존·공생하는 것이다. 그런 의미에서 밀레니엄 컬처는 단지 잡종(雜種)의 문화가 아니라 각각의 차이 혹은 다름이 드러나는 다종(多種)이 서로 얽히면서 연출해내는 퓨전(fusion)의 문화다. 섞이되 각각의 차이와 다름은 여전히 보전되는 것, 그것이 밀레니엄 컬처다.

차 례

- 저자의 말 5
- 프롤로그 - 이것이 밀레니엄 컬처다 7

1. 새로운 밀레니엄으로의 길 떠남 · 19
2. 비트가 너희를 자유케 하리라! · 30
3. 사이버 마인드 · 39
4. 인디언 정령(精靈)들과 만나다 · 49
5. 나무를 심은 사람 · 56
6. 아폴로 13호가 위기다! · 61
7. 뉴 밀레니엄 맨, 대니 서(Danny Seo) · 68

8 시간일기를 쓰자 · 82

9 감성의 로직 · 87

10 미로(迷路)를 탈주하라

11 새로운 밀레니엄을 사는 법 : 훼션(fashion)과 패션(passion)의 결합 · 104

12 열려 있는 것이 이긴다 · 109

13 있음의 발견, 없음의 발견, 그리고 느낌의 발견 · 116

14 사람이 미디어다, 미디어가 느낀다 · 124

15 풍수와 멀티미디어 · 130

16 멀티미디어는 굿이다 · 144

17 알렉산드리아, 바그다드, 그리고 자금성(紫禁城) · 150

18 고대인들은 꿈을 꾸었다 · 156

19 시간의 기억, 기억의 시간 · 164

20 속도는 느림을 확보한다 · 178

21 밀레니엄 뛰어넘기 · 191

■ 에필로그 - 열 가지 변화의 큰 흐름을 읽는다 199

■ 주석 - 209

새로운 밀레니엄으로의 길 떠남

안도 다다오(安藤忠雄)라는 일본 건축가가 있다. 그는 일본 오사카 출신으로 20세에서 28세까지 8년 동안 미국, 유럽, 인도, 아프리카 등지를 여행했다. 그는 고백했다. 여행이야말로 자신에게 가장 큰 힘이 되었던 건축 공부 그 자체였다고 말이다. 여행을 통해 배운 것이 남달라서였을까? 그는 기능 편중의 현대 건축에 대해 반발하며 자신의 건축관을 이렇게 피력했다.

나는, 건축이 많은 말을 해야 한다고는 생각하지 않는다. 그저 조용히 있으면서 빛과 바람의 모습을 한 자연이 말을 걸어오도록 하는 것이 건축이라고 믿는다.

그의 대표작인 '물의 교회'(1988년 작, 홋카이도 소재)와 '빛의 교회'(1989년 작, 오사카 소재)는 그의 이런 건축관을 고스란히 담아내고 있다. 그리고 그의 건축관이라는 것 자체는 다름아닌 여행에서 얻은 것들의 응결이요 정수요 결정이었다.

낯설게 하기

여행은 '낯설게 하기'다. 누구나 한번쯤은 낯선 곳으로의 여행을 꿈꾼다. 낯선 곳에 던져지는 것은 때로 두렵기까지 하다. 그리고 누구나 낯선 곳에 던져지면 당황하게 마련이다. 그러나 이내 자기 안의 그 어떤 것들이 꿈틀거리며 낯선 곳에 던져진 자신에게 말을 걸어오기 시작한다. 그러면서 그 낯선 곳과의 교감은 시작되는 것이다. 그리고 마침내는 헤어지기 아쉬운 친구가 된다. 그 아쉬움 속에서 다시 길을 떠나는 것, 그것이 여행이라는 이름의 어쩔 수 없는 운명인지도 모른다. 그 낯설음을 거칠 때마다 우리의 삶은 큰다. 그저 성장하는 것이 아니라 성숙하는 것이다. 결국 '낯설게 하기'로서의 여행을 통해 사람(human)은 진정 사람이 되어가는 것(human-being)이다.

1982년 여름, 대학 2학년이던 나는 배낭 하나 메고 길을 떠났다. 포천 가는 길목의 교회 묘지에 있는 아버지의 무덤에 가서 인사를 하고 다시 서울을 떠나 원주를 거쳐 탄광촌이 있던 강원도 사북에 도착했다. 그리고 그곳의 작은 교회 종탑에서 며칠을 묵었다. 80년 사북사태의 아픔과 상처가 채 가시지 않은 그 척박한 땅에서 내가 마주한 것은 석탄재에 뒤덮인 검은 땅, 검은 물, 검은 하늘이었다. 모든 것이 검게 그을린 그곳에서 유독 희게 느껴

지며 강하게 각인되었던 것 하나는 다름아닌 낯선 이를 바라보는 그들의 상처받은 눈빛의 그 흰자위였다. 20년 가까운 시간이 지났지만 나는 지금도 그 상처받은 눈빛의 흰자위들로부터 자유롭지 못하다.

그렇게 시작된 그 해 여름의 길 떠남은 40일이 넘어 50일 가깝게 계속되었다. 하도 걸어서 다 닳아버린 신발 밑창을 신기료장수에게 2천 원을 주고 기워 신기도 했고 속리산, 덕유산, 지리산을 종주하듯 타고 넘을 때는 때로 물도 없이 라면 한 봉지를 부수어 먹으면서 이틀을 버티기도 했다. 제주도에 들어갈 때는 3,270원짜리 가야호를 탔고 잠은 늘상 교회 종탑이나 마룻바닥에서 혹은 몸을 죽 뻗으면 머리와 발이 밖으로 나오는 작은 텐트에서 잤다. 그러나 그 해 여름방학이 끝날 무렵 다시 서울로 돌아와 일상으로 복귀했을 때 나는 이미 이전의 내가 아니었다. 새로운 도전이 기다리고 있었지만 나는 기꺼이 그에 맞서 씨름할 준비가 되어 있었다. 그 해 여름의 여행을 통해 그 처절했던 80년대를 관통해 90년대를 내달을 수 있는 힘을 자양분처럼 축적할 수 있었다고 믿는다.

레퍼런스 만들기

여행은 '레퍼런스 만들기'다. 여기서 말하는 레퍼런스(reference)란 '자기 인식과 행동의 준거틀' 정도로 생각하면 되겠다. 사회학 용어에 '프레임 오브 레퍼런스(frame of reference)', 즉 '준거틀'이라는 것이 있는데 앞서 말한 레퍼런스의 의미와 무관하지 않다. 여하튼 우리는 모두 자신의 레퍼런스만큼만 보고 자신의 레퍼런스만큼만 느끼며 또 그 레퍼런스를 통해 알게 되고 그 레퍼런스의 범주만큼 행동한다. 따라서 자기 레퍼런스의 크기가 곧 자신의 크기라고 해도 과언이 아니다. 그런데 이런 레퍼런스는 생득적인 것이기보다는 후천적으로 형성되는 것이다. 이런 레퍼런스를 만드는 방법은 세 가지 정도로 압축될 수 있다.

첫째는 '남 사는 것을 잘 보는 일'이다. 우리의 할아버지, 할머니들은 우리만큼 교육받지 못했겠지만 그래도 세상을 사는 지혜가 있었다. 그 지혜는 다름아니라 남 사는 것을 예사롭게 넘기지 않고 그것을 잘 헤아려 터득한 것들이다. 우리 역시 예외일 수 없다. 세상을 보는 눈으로서의 레퍼런스를 만들고 키우기 위해서는 먼저 남 사는 것을 찬찬히 들여다볼 줄 아는 것이 중요하다.

둘째는 '많이 읽는 것'이다. 우리는 모두 '텍스트로서의 환경'에 둘러싸여 있다. 그 텍스트를 꼼꼼히 읽는 것이 레퍼런스를 만들고 키우는 데 당연히 필요하다. 이때 텍스트로서의 환경과 마주하는 것은 책을 읽는 것은 물론이고 만화와 영화, 그리고 연극을 보고 음악을 듣고 때로는 퍼포먼스에 참여하는 모든 적극적 수용 행위들을 포괄한다. 그리고 그 수용의 과정은 단순히 '따라 읽기'가 아니라 '다시 읽기'이고 어떤 의미에서는 자신의 감각과 감성으로 트랜스코딩(transcoding)하는 일이며 번역 아닌 번안, 심지어는 오역을 마다하지 않는 일이 될 수도 있다. 때로는 오역이 새로운 창조와 도전의 계기가 되기도 하기 때문이다.

마지막으로는 '몸으로 체화하는 것, 곧 체험하는 것'이다. 몸으로 체화되지 않은 레퍼런스는 진정한 레퍼런스가 아니다. 진정한 공부는 '몸 공부'이다. 중국어로 공부(工夫)는 곧 'kung fu'이다. 소림사 선승들이 쿵푸를 했던 것은 단지 몸을 단련시키기 위해서가 아니라 참선(參禪)에 용맹정진하기 위한 바탕을 마련하기 위해서였다. 몸에 익지 않은 것은 결국 변색되고 뒤틀리고 만다. 몸에 익어 스스로 배어나오지 않는 레퍼런스는 삶의 무게를 이겨내지도, 세월의 두께를 견뎌내지도 못한다. 따라서 체화되지 않은 것들은 더 이상 진정한 레퍼런스일 수 없다.

결국 낯선 이들의 삶의 모습과 만나고, 오감으로 접하는 그 모든 환경으로서의 텍스트를 읽어내고, 그 느낌을 옮겨내는 과정을 통해, 온몸으로 부딪치며 온몸으로 호흡한 여행은 레퍼런스를 만들고 키우는 데 있어 무엇보다 중요하다. 바로 그런 체험적 여행을 통해 만나고 보고 느끼고 경험하여 마침내 우리 안에 체화되는 것, 그것이 자신의 레퍼런스이다. 그 레퍼런스만큼 우리는 생각하고 행동한다. 어쩌면 그 레퍼런스가 곧 나다. 따라서 여행은 곧 나를 만들고 나를 형성하는 과정이며 길 닦음이다.

패러다임 바꾸기

여행은 '패러다임 바꾸기'다. 몇 해 전 나는 영국 런던행 비행기 안에서 〈이코노미스트 The Economist〉지를 읽다가 우연히 토머스 쿤(Thomas Kuhn)의 부음 기사를 접했다. 그는 패러다임(paradigm) 개념의 창시자로서 잘 알려진 과학사가였다. 쿤이 말한 패러다임이란 용어는 상당히 복잡한 의미를 담고 있다. 그래서 사람에게 회자되는 정도와는 관계없이 때로 애매하고 모호한 자의적 개념으로 취급되기도 한다. 그래서 혹자는 쿤 자신이 그의 저서인 《과학혁명의 구조 The Structure of Scientific Revolution》에서 패러다임이란 개념을 20가지 이상의 서로 다른 맥락에서 사용하고 있다고 비판하기까지 했다. 그러나 이런저런 이야기들은 지금 우리에게 별 상관이 없다. 다만 나는 또 하나의 자의성이 개입되는 우려가 있더라도 패러다임이란 용어를 '보는 법(ways of seeing)'이란 개념과 동류항으로 묶어서 말하고자 한다. 즉, 나에게 있어서 패러다임이란 곧 '보는 법'과 같으며 패러다임의 전환은 보는 법의 전환이라고 말하고 싶다.

여행은 우리의 보는 법을 바꾼다. 그래서 여행은 우리에게 패러다임 바꾸기를 가르친다. 우리는 세상을 보고, 사람을 보고, 또 사물도 본다. 끊임없이 변화하는 이 세상은 우리에게 끊임없이 보는 법을 달리하도록 요구한다. 그러면 세상을 근본적으로 달리 볼 수 있다. 보는 법에 따라 세상은 우리에게 전혀 다른 빛깔과 의미로 다가오기 때문이다. 우리가 새로운 여행을 준비하고 결행하는 것은 새롭게 보는 법을 배우기 위해서이다. 다시 말해 새로운 패러다임으로 나를 전환시키기 위해서이다. 그리고 한 걸음 더 나아가 보는 법으로서의 패러다임을 변화·전환시키는 것은 결국 내가 변함으로써 이 세계를 변화시키기 위함이기도 하다. 이것이 '나'와 '패러다임'과 '변화하고 구성되는 세계' 사이의 변증법이다.

물구나무서기

모든 여행은 '물구나무서기'다. 달리 말하자면 '뒤집어내기'다. 자신의 일상을 송두리째 뒤집어서 새로운 카메라 렌즈로 세상을 찍어내는 것인지도 모른다. 물구나무를 서서 세상을 보다 보면 자연히 나의 일상의 고루함들이 털리게 마련이다. 억지로 털어내면 어딘가로 꼭꼭 숨어버리는 그런 잔재들을 털어내는 데는 여행이라는 이름으로 물구나무서는 것 이상이 없다. 바로 그 물구나무서기를 통해 삶은 새로운 피돌기를 시작한다.

1996년 여름, 나는 다시 길을 떠났다. 스무 살의 파릇했던 젊은이는 어느새 서른 중반을 훌쩍 넘어 남들보다 빨리 세어버린 흰 머리카락이 세월의 모습을 드러내기 시작했을 때였다. 82년의 여름에는 채우기 위해 길을 떠났지만, 십수 년이 지난 96년의 여름에는 덜어내기 위해 떠났다.

여행의 출발점이었다고 해야 할 런던 히드로 공항에서 새벽 첫차를 타고 런던 시내로 향했을 때의 그 낯설음과 설렘. 북해에 연한 에딘버러성에서 만끽했던 스코틀랜드의 정취. 영국 남서부 지역의 한적한 농촌이 안겨주었던 평화로움. 도버 해협을 건너 도착한 프랑스의 칼레에서 맞이했던 비 오는 새벽 하늘빛깔이 던져주었던 묘한 향수. 도시 전체가 거대한 박물관인 파리에서의 낭만. 니스에서 마주했던 샤갈의 그림들과 지중해의 넘실거림. 스위스 제네바의 레만호에서 마주한 노부부들의 풍요로움과 외로움의 교직. 융프라우에 올라 바라본 만년설 알프스의 위용. 비지땀을 흘리면서 오른 바티칸 대성당의 돔 지붕. 폐허로 남은 칼리굴라

atom@bit.

황제의 욕망 가득한 욕탕이 웅변하는 로마의 오늘. 운하의 도시 베네치아의 미로 같은 뒷골목. 내전의 기운이 채 가시지 않은 슬로베니아와 크로아티아에서의 긴장감과 황당함들. 가난한 여행객에게 더없이 고마웠던 부다페스트의 싼 물가. 새로운 독일의 심장을 건설하기 위한 거대한 삽질 속의 베를린. 독일 그 자체라고 해야 할 뮌헨의 도이체 박물관. 기차를 배에 싣고 바다를 건너 도착한 말뫼. 비행기 같은 열차, 스웨덴의 또 다른 자존심 X-2000을 타고 도착했던 스톡홀름. 스웨덴의 스톡홀름과 핀란드의 헬싱키를 잇는 바이킹 라인에서 마주한 북구의 정취. 피오르드가 남긴 태곳적 원시성의 태반들을 간직한 플룀. 오슬로에서 기차로 8시간을 달려간, 뭉크와 그리그의 고향이자 내 마음을 사로잡았던 북해의 고도(古都) 베르겐. 안네 프랑크의 작은 집과 하드코어의 섹스 및 마약의 거리가 공존하는 암스테르담의 기괴함. 그 암스테르담에서 기차로 20분 남짓한 거리에 있는 그림 같은 전원의 풍차마을 잔세스스칸스. 취할 만큼 황홀했던 밤의 프라하성. 합스부르크 왕가의 도시였던 오스트리아의 빈에서 만난 금세기 최고의 뮤지션 카라얀의 유령들. 유럽에서 가장 아름다운 성이라는 휘센의 노이슈반스타인성의 소문난 잔치. 작지만 아름답고 평온했던 벨기에의 브리게. 쇼핑가에 포위당한 쇠락한 명문대학의 도시 하이델베르크…….

  그러나 유럽여행을 통해 정녕 내가 보고자 했던 것은 성당, 성곽, 기념관, 박물관, 극장 등으로 반복되는 유럽의 겉모양이 아니었다. 나에게 진정으로 중요했던 것은 그것들을 보는 과정 속에

모든 길은 떠나라고 있다.
허허로운 일상을 벗고 낯선 땅을 찾아 길을 떠나자.
거기 희망의 거처가 있고 너와 나의 존재의 터가 기다리고 있다.

atom@bit.

서 나 자신의 '보는 법'을 바꾸는 일이었다. 짧은 여행은 생각을 많이 하게 한다. 하지만 긴 여행은 습관을 바꾸고 몸을 바꾼다. 견문을 넓히는 데는 짧은 여행을 여러 번 하는 것이 도움이 될 수 있다. 그러나 그것이 자신의 삶 자체를 바꾸지는 못한다. 반면에 긴 여행은 때로 아무 생각이 들지 않을 만큼 무료할 수도 있지만 그것은 지속되는 가운데 변화시키는 힘이 있다. 나의 '보는 법'을, 그리고 나의 패러다임을 바꾸는 힘이 바로 거기에 있었다. 그리고 그것을 통해 나는 자신의 삶을 물구나무세울 수 있었고 그 가운데 내 일상의 알량함들이 툴툴 털려나갔다. 뒤집어냈던 것이다. 그 뒤집어내기로서의 물구나무선 삶을 통해 나는 다시 한 번 미래를 꿈꿀 수 있었다. 이전과는 또 다른 세계를 향한 꿈을 말이다.

지문찾기

다시 1982년 어느 가을날, 나는 초인종 소리에 현관문을 열고 대문을 응시했다. 등기물이 왔으니 도장을 들고 나와 수령해 가라는 우체부의 목소리가 들려왔다. 나는 도장을 들고 나갔다. 수령확인증에 도장을 찍으며 이름을 확인하던 우체부는 나를 향해 빙긋 웃으며 '정·진·홍' 씨냐고 물었다. 내가 그렇다고 하자, 이번에는 그가 나에게 인사를 건네왔다. 사실인즉 내가 그 해 여름에 우리나라 이곳저곳을 다니며 우이동에 사시는 어머니께 띄운 엽서를 이 우체부가 매일 배달하면서 읽었던 것이다. 그는 내 엽서의 전령이자 최초의 독자였던 셈이다. 얼핏 보기에 내 연배 같은 그 우체부의 가슴에 달린 명찰에는 '서·항·석'이라고 씌어져 있었다. 그는 편지를 배달하는 자신의 일상 속에서 날마다 내가 띄운 엽서를 통해 낯선 곳으로의 여행을 떠났는지도 모른다. 여하튼 그가 날마다 배달해주었던 엽서들에는 여행을 통해 형성되었던 나의 지문들이 찍혀 있었을 것이다. 결국 여행이란 스스로에게 닥친 삶을 살아낸 것에 대한 인증으로서의 지문찍기요, 그것을 통한 진정한 자기 정체성, 곧 자기 지문찾기인 것이다.

길이 있다.
끊어진 길이 있다.
사람이 있다.
그 끊어진 길 위에서 다시 길이 되는 사람이 있다.

어느 시인의 시구처럼, 우리는 너나할것없이 길 가는 사람이다. 때로 끊어진 길을 잇기도 하면서 우리는 오늘도 길 앞에 서 있다. 모든 길은 떠나라고 있다. 이제 기꺼운 마음으로 길을 떠나자. 그 속에서 성장하고 성숙하자. 그 여행은 너와 나를 키우고 사는 방식을 바꾸고 변화시킨다. 새로운 밀레니엄은 그 자체로 새로운 여행길이다. 진정으로 아름다운 것은 그대 자신이 아니라 그대가 사는 방식이라고 하지 않던가. 아름다운 이들이여, 주저하지 말고 떠나자. 허허로운 일상을 벗고 낯선 땅을 찾아 길을 떠나자. 지금 당장! 거기 희망의 거처가 있고 너와 나의 존재의 터가 기다리고 있다.

atom@bit

비트가 너희를 자유케 하리라!

　니콜라스 네그로폰테(Nicholas Negroponte)라는 다소 생경한 이름이 우리에게 알려진 것은 그리 오래되지 않았다. 기껏해야 5~6년 남짓 되었다. 그러나 그는 그 길지 않은 시간 동안 '아톰(atom)에서 비트(bit)로' 또는 '아톰과 비트의 결합'이라는 디지털 시대의 화두를 전지구적으로 선언하고 확장시켜냈다. 디지털 문명의 전도사임을 자임하는 그의 디지털 가스펠(digital gospel)은 이렇다.
　"아톰은 과거의 것이고 비트는 미래의 것이다."
　"아톰에서 비트로의 변화는 막을 수도 돌이킬 수도 없다."[2]
　그렇다면 비트란 무엇인가? 다시 네그로폰테는 말한다.
　"비트는 색깔도, 무게도 없다. 그러나 빛의 속도로 여행한다."
　"비트는 정보의 DNA를 구성하는 최소 단위이다."[3]

아톰의 원리가 실제로 만져지고 경험되는 아날로그의 세계를 창출했다면, 비트의 원리는 실제 이상의 하이퍼 리얼(hyper-real)한 것으로 다가오는 디지털의 세계를 창조한다. 이전에는 '아톰', 즉 원자의 세계가 우리를 지배해왔다. 우리는 중력의 무게를 느끼며 물리학적 역학세계를 거니는 것으로 만족했다. 그러나 '비트'의 세계가 출현하면서 우리의 일상과 세계는 송두리째 변화하기 시작했다.

비트가 소용돌이치게 만든 세계의 변화상

비트가 소용돌이치게 만든 세계의 변화상을 소묘하면 이렇다. PC통신과 인터넷, 그리고 PCS(Personal Communication Services) 등 컴퓨터를 매개로 한 사이버 커뮤니케이션(cyber communication)이 일상화되었다. 물리적인 육체노동에서 컴퓨터를 이용한 사이버 워크(cyber work)로 일의 양태가 급속히 바뀌고 있다. 나인 투 파이브(9 to 5), 즉 9시에 출근해서 5시에 퇴근하는 식의 정시화된 노동관행이 깨지고 기존의 24시간 분할 시간 개념이 아닌 새로운 사이버 타임

디지털 전도사, 니콜라스 네그로폰테.
미국 MIT 미디어랩 소장.

atom@bit

(cyber time)이 국가별·지역별 시간편차를 넘어서 이용되고 있다. 한 곳에 모여 있지 않고서도 회의와 작업, 그리고 놀이를 함께 할 수 있는 사이버 공간(cyber space)이 마련되었음은 물론이다. 스타 크래프트 같은 머드 게임이라 불리는 인터넷상에서의 다자간 전자 게임을 통해 스트레스를 풀다 못해 밤을 지새며 몰입하는 사이버 키드(cyber kid)들이 늘어만 간다. 전자 상거래가 경제행위의 중심으로 떠오르고 돈은 현금의 개념에서 온라인망을 타고 달리는 사이버 머니(cyber money)의 개념으로 바뀐 지 오래다. 전쟁 역시 단순한 물리적 충돌이 아닌, 마치 시뮬레이션 전자 게임 같은 사이버 워(cyber war)의 형태로 변화하고 있다. 이제 비트가 창출해낸 사이버 세계는 더 이상 가상이 아니라 현실이 되었다.

휴먼 비잉이 비잉 디지털되고 있다

그러나 일반적으로 사람들은 테크놀러지에 약하다. 그래서 비트로 이루어진 디지털의 세계를 두려워하다 못해 경계하기까지 한다. 컴맹이니 넷맹이니 하는 말도 여기서 나온다. 그렇지만 디지털의 세계는 더 이상 테크놀러지만의 세계가 아니다. 그것은 그 자체로 새로운 문화이며 거역할 수 없는 일상이다. 아무리 테크놀러지에 주눅든 사람도 전화는 쓸 줄 안다. 그러나 1백여 년 전 전화가 처음 나왔을 때 사람들은 그것을 두려워했다. 지금 우리는 너도 나도 휴대전화를 쓴다. 사용하는 데 아무런 거리낌이 없다. 휴대전화 중 PCS는 단순히 전화가 아니다. 그것은 이름 그대로 개인휴대통신이다. 지금은 주로 음성 서비스와 간단한 데이터

아톰@비트

사이버 스페이스에서의 24시.
사이버 스페이스는 더 이상 가상이 아니라 현실이다.

전송에만 기능이 국한되어 있지만 실제로는 확장 가능성이 열려 있는 컴퓨터이다. 비트로 이루어진 컴퓨터와 아톰으로 이루어진 인간의 만남은 결코 좌절과 비인간화로 얼룩질 비극의 서막이 아니다. 시간이 갈수록 비트의 세계는 사람들에게 쉽고 친숙하게 다가올 것이다. 마치 휴대전화를 쓰듯 말이다. 그런 의미에서 인간, 즉 휴먼 비잉(human being)은 비잉 디지털(being digital)되어가고 있는 것이다.

 이메일 아이디(e-mail id.)가 나의 이름을 대신한다(나는 3millennium 씨로 불린다. 그리고 내가 사랑하는 사람은 bbosong 씨라고 불린다). 나의 개인 홈페이지가 주소를 대신한다. 책상 위에 붙박이 형태로 있는 데스크탑형 컴퓨터를 노트북형 컴퓨터 아니 손바닥만한 수첩 크기의 PDA가 대신한다. 그리고 머지않아 입고 차고 신고 끼는 식의 탈착식 컴퓨터, 내삽형 컴퓨터가 노트북 컴퓨터와 PDA 마저 대체할 것이다. 안경과 신발, 허리띠와 겉옷, 그리고 심지어 머리핀과 팔찌가 지금의 덩치 큰 컴퓨터를 대체한다. 캐드(CAD · Computer Aided Design 컴퓨터 지원방식의 디자인)라는 말이 있듯이 이제는 캐후(CAHu · Computer Aided Human-being 컴퓨터 지원방식의 인간)라는 말이 있어야 할지 모른다. 아니 그렇게 되었다.

에코-커뮤니케이션 환경

이제 우리는 스스로를 '디지털 인간'으로 자처하기를 주저할 이유가 없다. 우리는 원자의 세계로 구성된 '자연-생태 환경' 안에서 살고 있음과 동시에 점차 가속적이고 확장적으로 비트화되는 '커뮤니케이션-미디어 환경' 안에서도 살고 있다. 이 두 환경은 서로 배타적이기보다는 통합되기를 요구하며 실제로 아톰과 비트의 결합 속에서 하나의 '에코-커뮤니케이션 환경(eco-communication environment)'을 이루어가고 있다. 그런 의미에서 새로 맞는 밀레니엄은 '에코-커뮤니케이션 환경'의 시대가 될 것이다. 이미 우리는 인터넷의 바다를 쉼없이 파도타기하며 그 디지털의 물결 속에서 아톰과 비트가 가속적·확장적으로 결합된 새로운 삶과 라이프 스타일을 만들어가고 있다. 결국 새로운 밀레니엄에서의 진정한 승부는 누가 더 많이 '아톰과 비트의 결합'을 구현할 것인가에 달려 있다.

디지털 세상에서 맞는 아침

외국여행을 하다보면 항상 말썽을 일으키는 것이 시차(時差) 문제이다. 영국의 도버항에서 배를 타고 프랑스의 칼레항으로 넘어오는데 1시간의 시차가 발생한다는 것을 깜박 잊고서 열차시간을 잘못 계산해 칼레역에서 3시간을 기다리는 불상사가 있었다. 그러나 이 경우에는 다음 열차를 이용하면 그런대로 문제가 해결된다. 스톡홀름과 헬싱키 사이에도 1시간의 시차가 있다. 하지만 스웨덴의 스톡홀름에서 핀란드의 헬싱키를 오고 가는 여객선(바이킹 라인과 실자 라인)처럼 하루 한 번뿐인 배편을 시차 계산 착오로 놓치면 정말 낭패가 아닐 수 없다. 미국대륙을 열차로 여행할 때는 더 복잡해진다. 서부 시간, 중부 시간, 동부 시간 등을 주의해서 시차 계산을 하지 않으면 가뜩이나 복잡한 열차 시간표가 더 복잡하게 꼬이기 때문이다.

해외에 있는 사람과 이메일을 주고받을 때도 마찬가지다. 한국 시간 따로 있고 현지 시간 따로 있다 보니 정확한 시간 약속이 필요할 경우 일일이 시차 계산을 해야 하는 번거로움이 있다. 글로벌 시대, 인터넷 세상이라고 하지만 지금처럼 계속해서 시차 계산을 하지 않으면 안 된다는 것은 한마디로 난센스가 아닐 수 없다. 그래서 하루를 24시간으로 나누는 것이 아니라 천(千)으로 나누어 @ 235, @ 769 등으로 표시하는 이른바 비트 시계 혹은 인터넷 시계가 출현했다. 이것을 스위스 스와치사에서 이미 개발해 시판하고 있다. 비트 시계, 곧 인터넷 시계의 1단위는 지금 우리가 사용하고 있는 전통적 시계로 보면 1분 26초 4가 된다. 스위스의 0시(한국 시간은 오전 8시)가 기준이 되어 전세계를 시차 없이 동일시간대로 표시하기 때문에 인터넷 이용자들에게 호응받고 있는데 앞으로는 기존의 24시간 분할 시계를 대체할 것으로 보인다. 이 비트 시계에 맞춰 디지털 세상에서 맞이하는 아침을 소묘해보면 이렇다. (괄호 안은 기존의 24분할 시간이다.)

@ 937(am 06:30) 아침에 일어났다. 내가 밤새 덮고 잤던 이불에 내삽된 디지털 센서가 나의 체온변화를 체크하고 밤새 흘린 땀 성분을 분석해 네트워크로 연결된 나의 주치의에게 주기적으로 그 내용을 전달한다.

@ 944(am 06:40) 밤새 나에게 전해진 메시지를 확인한다. 컴퓨터를 부팅하거나 인터넷에 접속하는 데 따로 시간이 걸리지 않는다. 침실 벽 모니터에 홀로그램화된 형태로 메시지가 전달된다. 보고 듣는 즉시 답변할 수 있지만 귀찮아 답을 미루는 경우가 더 많다.

@ 954(am 06:55) 잠자리에서 일어나 냉장고로 가서 생수나 주스, 혹은 우유를 꺼내 마신다. 마실 때마다 그것들이 들어 있던 냉장고에 내장된 디지털 센서가 칼로리를 체크해두고 적정 칼로리를 초과할 경우 알람을 울린다.

@ 958(am 07 : 00) 이젠 용변을 보기 위해 화장실로 간다. 변기에 내장된 디지털 센서가 용변의 상태를 화학적으로 분석해 덮고 잤던 이불에서 체크한 내용과 함께 네트워크로 연결된 가정 주치의에게 주기적으로 그 내용들을 전달한다. 화장실에 앉아 벽면 모니터를 통해 그날의 날씨와 새로운 뉴스도 듣는다.

@ 965(am 07 : 10) 샤워는 더 이상 물로 하지 않는다. 물이 귀하고 비싸기 때문이다. 그래서 스팀 샤워를 하면서 노폐물을 씻어낸 뒤 수건이 아니라 자외선으로 건조시킨다.

@ 975(am 07 : 25) 옷을 입는다. 이때 사람마다 각기 필요에 따라 탈착식 컴퓨터를 입고 끼고 신는다. 나의 경우에는 안경과 허리띠, 그리고 팔찌와 신발에 컴퓨터 기능을 부여한다. 오늘 예정된 프리젠테이션을 위해 새로 구입한 컴퓨터 재킷도 입어보고 기능들을 점검해본다.

@ 979(am 07 : 30) 자동항법장치가 부착된 자기부상차를 타고 아침식사를 겸한 미팅 장소로 간다. 출퇴근시간이 따로 없기 때문에 러시 아워는 옛말이 되어버렸다.

@ 986(am 07 : 40) 아침식사를 겸한 미팅을 한다. 이것은 성공한 사람들의 상징처럼 되어 있다. 사람들을 직접 만날 일이 줄어들기 때문에 아침식사를 겸한 미팅은 늘 북적거린다.

> 아침미팅 이후에는 각각 자기만의 시간표대로 살기 때문에 직접 만날 시간을 약속하기가 어렵다. 다소 분주했던 아침시간이 지나면 느림의 시간, 고독의 공간이 기다리고 있다. 그 느림의 시간, 고독의 공간을 잘 활용하는 사람이 분주하지만 활기찬 아침시간을 또다시 맞이할 수 있음은 물론이다.

사이버 마인드

윌리엄 기브슨(William Gibson)이 지난 1984년에 《뉴로맨서 *Neuromancer*》라는 소설을 통해 사이버 스페이스(cyber space)를 처음 이야기할 때만 해도 그것은 하나의 상상이고 환상이었다. 그러나 지금 그 상상과 환상은 현실과 실재로 우리에게 다가선 지 오래이다. 이제 사이버는 더 이상 사이버가 아니라 그 자체로 또 하나의 리얼(real)이 되었다. 바로 이 새로운 현실이자 실재하는 환경이요 제2의 자연이기도 한 사이버 스페이스 안에서 우리는 사이버 마인드(cyber mind)를 갖기에 이르렀다. 자본주의 시장이 사람들에게 자본주의 마인드를 갖게 했듯이 말이다.

자본주의 초창기에 사람들을 움직인 것은 돈이었다. 돈은 자본주의 마인드의 증폭기였다. 그런데 오늘날 사이버 스페이스를 횡단하는 사람들을 움직이는 것은 정보와 컨텐츠(information &

contents · IC)이다. 정보와 컨텐츠는 사이버 시대의 돈이요 권력이다. 그래서 이것들은 사이버 마인드의 증폭기가 되었다. 그리고 마침내 거미줄처럼 얽힌 월드 와이드 웹(world wide web · www)은 범지구적으로 사이버 마인드를 핵폭발시켰다.

마인드의 디지털학

1807년에 헤겔(G. W. F. Hegel)은 《마인드의 현상학 Phenomenology of Mind》을 썼다. 지난 1972년 그레고리 베이튼(Gregory Bateson)은 《마인드의 생태학 Steps to an Ecology of Mind》을 펴냈다. 그리고 이제 우리는 〈마인드의 디지털학 Digitalogy of Mind〉을 쓸 차례다.

마인드(Mind)라는 단어는 매우 포괄적인 의미를 갖는다. 이것은 생각(thinking), 사상(thought), 관념(idea), 정신(spirit), 지향(orientation) 등의 용어와 관련된다. 지금으로부터 150여 년 전 마르크스(Karl Marx)와 엥겔스(Friedrich Engels)는 《공산당 선언 The Communist Manifesto》을 발표했다. 그 첫 구절은 이러했다.

"하나의 유령이 유럽을 배회하고 있다, 공산주의라는 유령이."

해체주의자로 잘 알려진 자크 데리다(Jacques Derrida)는 마르크스가 셰익스피어(William Shakespeare)의 〈햄릿 Hamlet〉에 나오는 유령 이야기를 끄집어내어 《공산당 선언》에 원용했다고 지적한다.[4] 햄릿은 유령과의 대화 속에서 이렇게 말했다.

"시대가 제멋대로 가고 있다(The time is out of joint)."

오늘날 우리는 또 다른 유령과 만나고 있는지도 모른다. 사이버라는 유령과 말이다. 그러나 공산주의가 유령이 아니었듯이, 사이버 또한 유령이 아니다. 그것은 살아 있다. 움직인다. 꿈틀거리며 우리의 삶으로 파고든다. 그리고 마침내 또다시 이 시대가 제멋대로 가도록 부추기고 있다. 그러나 제멋대로 간다고 불안해 할 필요는 없다. 시대라는 놈은 늘상 그래 왔으니 말이다.

사이버, 또 하나의 물신(物神)

사이버는 손에 잡히지 않는 세계이다. 애덤 스미스(Adam Smith)는 현실의 세계, 돈의 세계에서 '보이지 않는 손'의 운동을 이야기했지만, 우리는 '손에 잡히지 않는 세계'에서 현실(reality)보다 더 그럴듯한 가상현실(virtual-reality) 혹은 현실보다 더 생생하게 다가오는 초(超)현실, 즉 하이퍼 리얼리티(hyper-reality)와 만난다. 오늘날 사이버 세계는 또 하나의 유령처럼 우리에게 다가와 있다. 유령처럼 출몰하여 일상 깊숙이 침투한 사이버 스페이스는 이전에는 경험하지 못했던 전혀 새로운 세계를 만들었다. 콘크리트 구조물로 세우는 것이 아니라 하룻밤 신기루처럼 만들었다가는 이내 사라질 수 있는, 또 사라졌다가는 다시 세울 수 있는 그런 것들을 만들었다. 거기에는 세상에 실재하는 것도 있겠지만 세상에 없는 것들도 많다. 무엇이 실재이고 무엇이 가상인지의 구분조차 쉽지 않은 새로운 세계가 구축되기에 이르렀다. 보드리야르(Jean Baudrillard)는 이것을 전자 미디어 안에서 현실이 내파(內波)하는 것이라고 보았다.

어쨌든 세상은 종래의 질서를 상실했다. 적어도 지난 수천 년

atom@bit

동안 형성되어온 종래의 질서는 이미 공중분해되어 해체되고 있다. 그리고 이제 컴퓨터 시뮬레이션을 통해 가상과 실재가 뒤엉키면서 형성된 새로운 질서가 종래의 질서를 대신하기 시작했다. 고대 그리스인들이 다이몬(daimon)이라고 불렀던 일종의 정령 혹은 악령들이 사이버 스페이스를 통해 다시 배회하기 시작하면서 구질서는 무너지고 새로운 질서가 나타나고 있는 것이다. 그러나 그 새로운 질서는 코스모스(cosmos)적이기보다는 카오스(chaos)적이다. 한마디로 말해 일사분란하고 조화롭게 보이는 질서가 아니라 안개 속을 걷는 것과 같은 혼돈 속의 질서인 셈이다.

뉴에이지를 신봉하는 족속들은 사이버 스페이스를 새로운 천년 왕국으로 생각할지도 모른다. 이런 의미에서 사이버 스페이스는 계몽시대의 종말이고 이성과 합리성이 지배했던 지난 시대에 대한 반역이다. 뉴에이지 족속들에게 사이버 스페이스는 제2의 자연, 아니 사실상 유일한 자연이자 환경이다. 바로 이 사이버 스페이스 속에서 세상은 또 다른 의미의 물신(物神)을 만들어낸다. 마르크스가 《자본 Das Kapital》에서 지적했던 상품 물신성이 사이버 스페이스 속에서는 정보 물신성, 컨텐츠 물신성으로 변모한다. 사이버 마인드는 바로 그런 전자화·디지털화한 물신성에 저항하며 몸부림치는 자기 고백과 같다. 사이버 스페이스 자체가 거대한 상품시장이 된 것은 부인할 수 없는 사실이다. 그것도 눈으로 측량할 수 없을 만큼 거대하고 복잡한 시장이다. 사람들은 거기에서 '정보'와 '컨텐츠'라는 이름 아래 사이버 마인드를 사고 판다.

아톰@비트

사이버 묵시록(默示錄)

사이버 마인드는 때로 묵시록적인 경향을 띤다. 그것은 현세의 종교를 대체하기 시작한다. 중세의 기독교가 유럽을 지배했듯이, 테크놀러지의 끊임없는 변화 속에서 오늘의 세계는 테크놀러지의 묵시록적 예언으로 가득 차 있고 이것이 사이버 마인드를 주술화한다. 사이버 펑크(cyber punk)들은 테크놀러지(성부)와 컴퓨터(성자), 그리고 사이버 마인드(성령)를 통해 사이버 스페이스라는 천년지복(千年至福)의 왕국을 꿈꾼다. 그래서 사이버 펑크들은 묵시록적 암시를 담은 컴퓨터 게임을 즐기는 것인지도 모른다.

사이버 마인드는 코스모스보다는 카오스를 사랑한다.
사이버 마인드는 즉시적이고 동시적이다.
사이버 마인드는 상상하기를 좋아한다.
사이버 마인드는 꿈과 현실의 경계를 넘나든다.
사이버 마인드는 놀이를 통해 문제에 접근한다.
사이버 마인드는 이미지와 실체 사이의 경계를 허문다.
사이버 마인드는 시공간을 넘나든다.
사이버 마인드는 '지금, 여기'를 중시한다.
사이버 마인드는 재주술화(再呪術化 · remagicalization)이다.

그러나 사이버 마인드는 여전히 수수께끼다.

atom@bit

인디언 추장의 떠도는 영혼

어쩌면 사이버 마인드는 '땅을 빼앗긴 인디언 추장의 떠도는 영혼'일지도 모른다. 1854년 미합중국 대통령 피어스(Franklin Pierce)는 '수쿠아미쉬족과 드와미쉬족'에게 그들이 살고 있는 땅을 팔도록 제안하기 위해 사람을 보냈다. 그 제안은 미합중국 정부가 지금의 워싱턴주에 해당하는 이 지역의 인디언들의 삶터를 차지하는 대신 그들이 '평화롭고 안전하게' 살 수 있는 보호구역을 주겠다는 것이었다. 그러나 인디언들은 그들의 땅, 곧 그들의 삶터인 대지를 어머니의 존재로 생각했기에 백인 대추장, 곧 미합중국 대통령의 제안을 일언지하에 거절했다. 그리고 이 인디언 부족의 지도자였던 시애틀(Seattle) 대추장은 이렇게 말했다.

우리가 땅을 팔지 않으면 백인들이 총을 들고 와서 우리 땅을 빼앗을 것임을 알고 있다. 그러나 그대들은 어떻게 저 하늘이나 땅의 온기를 사고 팔 수 있는가? 공기의 신선함과 반짝이는 물을 우리가 소유하고 있지도 않은데 어떻게 그것들을 팔 수 있단 말인가? 우리에게는 이 땅의 모든 것이 거룩하다. 아니 신성하다. …… 땅은 우리의 한 부분이고 우리는 땅의 한 부분이다. 땅과 우리는 둘이 아닌 하나이다. …… 이 흙은 우리 조상의 뼈로 이루어졌고, 이 해안은 우리 부족의 보이지 않는 혼(魂)들로 가득하다. 이 모든 대지 위에 우리 부족의 숨결이 가득하다.[5]

사람들은 그동안 눈에 보이고 손에 잡히는 것만을 추구해왔다.

인디언 추장 '느린소'의 모습.
누구나 홀로 있는 시간을 가져야 한다. 가만히 마음을 열고 한 그루 나무가 되어보거나 꿈꾸는 돌이 되어보아야 한다. 사이버 마인드는 이것들과 닮아 있다. 그리고 이것들과 통한다.

atom@bit

논리적 이성과 계산적 합리성에 근거하지 않는 것들, 보이거나 잡히지 않는 것들에 대해서는 아무 가치도 부여하지 않았다. 따라서 느낌과 감성으로 다가오는 것에 대해서는 그 어떤 가치도 두지 않았음은 물론이다. 지난 시대의 가치는 그런 의미에서 철저하게 물화(物化)된 가치였다. 그러나 새로 맞이하는 21세기, 더 나아가 세 번째 맞는 밀레니엄의 신시대에는 탈물화(脫物化)된 가치, 곧 느낌과 감성의 가치가 극대화될 것이다. 지난 시대의 지배자는 땅을 소유하거나 팔 수 있는 대상으로밖에 생각하지 않았다. 그러나 새로운 밀레니엄 시대의 향유자는 인디언들의 마음처럼 땅을 신령한 모성(母性)으로 느낄 수 있는 감성의 소유자여야 한다. 비단 어디 땅뿐이랴. 우리를 둘러싼 모든 환경과 진정으로 소통할 수 있는 느낌과 감성, 그리고 영혼을 갖지 않는 사람은 아무리 여러 번 역법상의 밀레니엄을 맞는다 해도 결코 진정한 새 밀레니엄을 향유할 수 없다.

한 그루 나무, 꿈꾸는 돌이 되어보라

지난 시대에 백인들은 아메리카 대륙에서 인디언들을 몰아내고 그들의 땅을 점령했다. 그리고 그 위에 거대한 문명을 세웠다. 그러나 그들은 더 이상 그 문명을 이끌어갈 에너지를 갖고 있지 않다. 기술만으로, 자본만으로 그 문명을 지탱할 수 없음을 그들 스스로 깨닫기 시작했다. 그들은 자신들에 의해 운명의 벼랑 끝으로 떠밀려갔던 인디언들의 가슴과 영혼에, 지난 시대의 문제를 해결하고 새로운 밀레니엄 시대를 좀더 가치 있게 살아갈 수 있게

아톰@비트

하는 비밀이 숨쉬고 있었음을 이제야 알게 되었다. 그것이 무엇이냐고? 델라웨어족의 운디드 하트(Wounded Heart)가 그것을 대변해준다.

누구나 홀로 있는 시간을 가져야 한다. 그것도 자주. 특히 이른 아침이면 홀로 깨어 평원에 어리는 안개와 지평의 한 틈을 뚫고 비쳐오는 햇살과 만나야 한다. 어머니인 대지의 숨결을 느껴야 한다. 가만히 마음을 열고 한 그루 나무가 되어보거나 꿈꾸는 돌이 되어보아야 한다. 그래서 자기가 대지의 한 부분이며 대지는 곧 오래 전부터 자기의 한 부분이었음을 깨달아야 한다. 인디언 천막을 열면 들판으로 가는 길은 누구에게나 열려 있다.[6]

사이버 마인드는 이것들과 닮아 있다. 그리고 이것들과 통한다. 새로 맞이한 밀레니엄 시대는 전체성(Totality)의 시대가 아니다. 그것은 고독의 공간이 증대하고 홀로 있는 것의 의미가 극대화되는 시대이다. 대중 속의 고독한 군중과는 질이 다른 그 어떤 자족(自足)에 근거한 홀로 있음의 느낌이 절정에 달하는 시대이다. 그러나 그 홀로 있음이 단지 개인주의와 고립감으로 그치지 않고 네트워크를 통해 이어지는 연대성(Solidarity)의 시대이기도 하다. 이처럼 철저히 자족에 근거한 홀로 있음을 느낀다는 것은 그만큼 자신의 정체성, 자신만의 혼(魂)에 정직하고 충실할 수 있다는 것이며, 그것은 곧 자연스런 차이 혹은 다름을 드러나게 한다. 누구도 같지 않다. 본래 다른 것이다. 그 차이 혹은 다름이 드러나는 것

atom@bit

은 그 자체로 아름다움이며 진정한 힘이다. 자기 안으로 깊이 들어간 영혼은 세상을 향해 진정으로 열려 있는 것이 무엇인지를 안다. 가만히 마음을 열고 한 그루 나무가 되어볼 수 있는 사람은 얼마나 행복하고 근사한가. 꿈꾸는 돌이 되어볼 수 있는 사람은 얼마나 아름다운가. 그런 자족에 근거한 홀로 있음의 의미를 일상 생활 속에 심을 줄 아는 사람들이야말로 새로운 밀레니엄 시대의 진정한 주인공이다. 그들에게는 세상으로 나아가는 길이 따로 없다. 모든 것이 길이다. 스스로가 밟고 나아가는 것이 곧 길인 것이다. 미개척, 미답의 웹 세계에 길이 따로 있지 않는 것처럼 말이다.

인디언 정령(精靈)들과 만나다

몇 해 전 여름, 사라져버린 '인디언들의 땅'을 찾아 길을 나섰다. 먼저 샌프란시스코로 날아가 버클리에서 머물다가 열차(Amtrak)를 타고 시애틀로 갔다. 시애틀이라는 지명 자체가 수쿠아미쉬족과 드와미쉬족의 대추장 '시애틀'에게서 따온 것임은 꽤 알려진 사실이다. 그러나 오늘날 시애틀은 더 이상 인디언들의 땅으로 기억되지 않는다. 비행기를 만드는 보잉사와 컴퓨터 소프트웨어로 세계 지배를 꿈꾸는 마이크로소프트사가 있는 땅으로 기억될 뿐이다. 비교적 비가 자주 와서 우울증 환자와 알코올 중독자가 많다는 오늘의 시애틀에서, 이곳이 인디언들의 땅이었음을 간접적으로나마 확인시켜주는 것은 인디언 골동품 상점과 인디언 관련 서적을 모아놓은 헌책방뿐이었다. 그 헌책방에서 빛 바랜 사진과 함께 인디언들의 육성을 담은 《대지를 더듬으며 *Touch the*

Earth》[7]라는 책을 샀다. 그 책의 첫머리에서 위네바고족의 현자(賢者)는 이렇게 말했다.

신령한 어머니 땅, 그 나무와 모든 자연들이 너의 생각과 행동의 증인이 되리라.[8]

서쪽으로, 서쪽으로

다시 샌프란시스코 근처 애머리빌역으로 돌아와 '캘리포니아 서풍(California Zephyr)'이라는 이름이 붙은 열차를 타고 1850년대에 골드 러시의 바람을 일으켰던 도시, 덴버로 향했다. 미국의 장거리 열차는 대부분 고유한 노선 이름을 갖는다. LA에서 샌프란시스코와 오리건주의 포트랜드를 거쳐 시애틀까지 해안선을 따라가는 노선은 '해안의 별빛(Coast Starlight)'이란 낭만적인 이름이 붙여져 있고, 시카고에서 그랜드캐니언에 인접한 프래그스태프를 지나 LA를 잇는 노선의 이름은 '남서부 추장(South-West Chief)'이다. 또 시애틀에서 캐나다 국경지대를 따라가다 시카고로 내려가는 노선의 이름은 '제국 건설자(Empire Builder)', LA에서 투손과 엘패소를 지나 플로리다의 올랜도까지 이어지는 노선은 '석양 특급(Sunset Limited)'이라 불리며, 엘패소를 지나 시카고로 향하는 노선은 '텍사스 독수리(Texas Eagle)'라고 한다.

그런데 공교로운 것은 바로 이 장거리 노선 열차들이 지나고 있는 땅들이 대부분 인디언과 백인들의 참혹한 격전지였다는 사실이다. 1607년 영국 사람들이 북미대륙에 상륙하여 제임스 타운이란 정착촌을 건설한 이래, 이곳에서의 평화란 오로지 백인에 대한 인디언들의 끊임없는 양보에 의해서만 가능했다. 대륙 전체에 살고 있던 인디언들은 계속해서 백인들에게 그들의 땅을 양보해 주며 서쪽으로 밀려갔다. 1830년에 이르러, 인디언들은 그들이 말하는 '거대한 물(미시시피강)'을 건너 그 강 서편으로 집단 이주하는 것에 동의했다. '거대한 물'이 백인들의 접근을 막아주리라고 믿었던 것이다.

그러나 '거대한 물'을 경계로 삼은 지 채 몇 년도 지나지 않아 백인들은 '거대한 물'을 건너 더욱 서쪽으로 몰려왔다. 백인들은 또다시 미시시피강이 아니라 서경 95도를 기준으로 그 동쪽에는 백인이, 서쪽에는 인디언이 살자면서 새로운 경계선을 제시했다. 이번에도 인디언들은 마지 못해 백인들의 뜻에 따라 서쪽으로 옮겨갔다. 그러나 그 후 채 20년도 지나지 않은 1858년 오늘날의

1830년 강제이주법으로 미시시피강 동부의 여러 부족은 서쪽 땅으로 강제 이주를 당하였다.

덴버 근방에서 금이 발견되자 백인들이 영구적인(?) 경계선이라고 주장했던 서경 95도선은 여지없이 무너지고 말았다. 백인들의 서쪽행은 더 이상 말릴 수 없는 지경이 되고 말았다. 백인들은 다시 요구해왔다.

"인디언들이여, 콜로라도강 서쪽으로 넘어가라. 그곳은 너희 인디언들의 땅이다."

그러나 이제 인디언들은 더 이상 양보하고 물러설 수만은 없었다. 인디언들은 죽을 것을 각오하고 싸웠다. 디 브라운(Dee Brown)이 쓴 《나의 심장을 운디드 니에 묻어주오 *Bury My Heart At Wounded Knee*》[9]는 그 처절했던 싸움의 흔적을 들춰내 보여준다. 그러나 오늘날 인적이 끊긴 이 광대한 인디언들의 땅은 아무 말이 없다. 그 많던 인디언들은 다 어디로 갔을까……. '까마귀발(Crowfoot)'이라는 한 인디언 전사는 1890년 죽음을 앞두고 이렇게 말했다.

삶이란 무엇인가?
그것은 한밤중 반딧불의 섬광 같은 것
한겨울 들소의 숨소리 같은 것
그리고 해질녘에 풀잎 사이로 드리워진 작은 그늘 같은 것일 뿐.[10]

그들은 결코 알 수 없다!

뉴멕시코주와 애리조나주 등 미국 남서부에 집중되어 있는 인디언 보호구역(Indian Reservation)에 살고 있는 인디언들은 1백 년 전 그들의 할아버지, 할머니가 남겼던 말들을 기억하지 못할지 모른다. 그들은 보호구역 내에서 전매화된 도박으로 생계를 유지하거나 장신구와 문양이 섞인 담요 등을 만들어 팔아 호구지책을 삼는다. 그리고 자신들을 구경하러(?) 온 사람들 앞에서 춤을 추고 포즈를 취하며 사진에 찍힌다. 그러나 그들은 말을 아낀다. 그리고 아마도 타오스 푸에블로의 한 늙은 인디언의 말처럼 이렇게 생각할지 모른다.

그들(백인 구경꾼들)은 열심히 주변을 둘러보지만 먼지 외에는 아무것도 보지 못한다.
그들은 우리의 춤판에 오기는 하지만 언제나 사진을 찍고 싶어할 뿐이다.
그들은 우리가 알고 있는 삶의 비밀을 평생 공들여도 찾아낼 수 없을 것이다.
그들은 머리로만 생각하지 마음으로는 생각할 줄 모르기 때문이다.
그들은 말로 모든 것을 판단하지만, 침묵이 갖는 더 큰 위엄을 모른다.
그들은 자신들이 모든 것 위에 군림한다고 믿고 있지만, 사실은 그 반대라는 사실조차 모르고 있다.[11]

새로 맞이한 밀레니엄 시대를 살아가기 위해서는 머리뿐 아니라 마음으로도 생각할 줄 알아야 한다. 화려한 웅변보다 깊은 침묵이 더 큰 위엄과 호소력을 지닐 수 있음도 알아야 한다. 그리고

atom@bit

무엇보다도 자신이 지배하고 군림하고 있다고 믿는 것에 사실은 자기 자신이 노예임을 깨달아야 한다. 그런 의미에서 새로운 밀레니엄 시대는 합리성과 이성이 아닌 느낌과 감성이 요구되는 시대이며 지식보다 지혜가 절실한 시대이다. 그리고 억압과 강제가 아니라 공감의 획득을 통해 진정한 의미의 권력이 형성되고 행사되는 시대이다.

이제 우리는 인디언들의 삶에서 그들의 지혜를 배워야 한다. 그들은 비록 지난 시대에 거친 황야에서 혹은 메아리마저 갇혀버린 깊은 계곡에서 처참한 최후를 맞이해야 했지만, 그들이 남긴 삶을 향한 지혜의 편린들은 새로 맞은 21세기, 더 나아가 새로운 밀레니엄을 살아가는 데 매우 긴요한 지침이 될 것이다.

그랜드캐니언에서의 일출(日出)

'평화로운 자들(the peaceful ones)'이란 의미로 해석되는 호피(Hopi)족의 전설에 이런 것이 있다.

땅이 형성되기 전, 신령한 혼들이 끝없이 펼쳐진 우주, 곧 토크펠라(Tokpela)라고 불리는 세계에 살았다. 그러나 이 세계에 사악함이 팽만해진 후, 첫 번째 세계는 불(fire)에 의해 멸망했고, 두 번째 세계는 얼음(ice)에 의해 망했다. 그리고 세 번째 세계는 혼돈(chaos)으로 가득 찼다. 마침내 네 번째 세계에 이르러서야 혼돈에서 빠져나와 안정된 세계로 나아갔다.[12]

나바호와 호피족의 땅이었던 그랜드캐니언에서 뜬 눈으로 밤을 지샌 뒤 날이 샐 무렵에 일출을 보기 위해 야키 포인트(Yaki Point)에 올랐다. 한낮의 뜨거움과 밤 사이의 내리꽂는 혹독한 차가움을 지나 혼돈으로 가득 찬 신령한 산과 계곡을 바라보았다. 이제 막 솟구치는 붉은 기운이 움찔거리며 그 신령한 산과 계곡으로 스며들자 태초의 신비처럼 혼돈이 걷히고 붉게 물든 신령한 기운이 대지 위에 그득하게 펼쳐졌다. 붉은 얼굴을 한 '인디언들의 땅'이 거기 있었다.

새로 맞이한 밀레니엄 역시 그랜드캐니언에서의 일출처럼 혼돈을 몰아내고 신령한 기운으로 가득할 수 있다면 얼마나 좋을까.

나무를 심은 사람

1913년

장 지오노(Jean Giono)는 프랑스 남부 프로방스 지방의 어느 낯선 지역을 걷고 있었다. 지금은 숲이 울창한 지역이지만 당시에는 더 없는 박토요 황무지였다. 날이 어두워지자 장 지오노는 유숙할 곳을 찾았다. 몇 채의 집이 모여 있기에 가보았지만 모두 지붕이 무너지고 벽이 허물어진 폐가였다. 장 지오노는 그나마 다행이다 싶어 그곳에서 하룻밤을 묵을 생각이었지만, 밤이 깊을수록 짐승들의 울음이 더욱 극성스러워져 잠을 이룰 수가 없었다. 그때 저 멀리에서 나무 같은 것이 움직이는 것을 보았다. 그러나 그것은 움직이는 나무가 아니라, 양치는 사람이었다. 이런 황무지에서 양을 치다니 믿어지지 않았지만, 어쨌든 사람을 만났으니 무척이나 다행스런 일이라고 생각했다.

장 지오노 앞에 나타난 그 사람은 자신의 이름을 엘제아르 부피에(Elzéard Bouffier)라고 소개했다. 그는 장 지오노를 자신의 집으로 안내해서 따끈한 수프와 잠자리를 제공해주었다. 그런 후, 부피에는 자루에서 뭔가를 한 꾸러미 풀어놓고 그것들을 열 알 단위로 찬찬히 세어가며, 상한 것과 알찬 것을 골라내었다. 다름아닌 도토리였다. 그렇게 해서 1백 개의 도토리를 정성껏 가려낸 뒤, 그것을 다시 한 꾸러미로 묶었다. 다음날 아침 부피에는 나그네에게 정성껏 수프를 끓여주고서 어젯밤 정성스레 골라둔 도토리를 물이 담긴 양동이에 넣어 들고 다른 한 손에는 쇠막대기를 든 채 말없이 집을 나섰다. 부피에는 양떼를 잠시 둘러보고 나서 박토만이 넘쳐나는 산등성이 길을 따라 한참을 걸어갔다. 장 지오노는 호기심에 그를 뒤따라갔다. 가던 길을 멈춘 부피에는 박토 위에 서서 가지고 간 쇠막대로 구멍을 낸 뒤 그 안에 도토리를 넣고 다시 흙을 덮었다. 한 알 한 알 그렇게 하기를 해가 지도록 계속했다. 장 지오노가 지켜본 여러 날 동안 부피에는 매일매일 박토 위에 도토리를 심었다. 스무 살이 갓 지난 장 지오노에게 50대 중반의 부피에란 인물은 그저 신기한 사람이었다.

1914년

1차대전이 일어났다. 장 지오노도 전쟁에 참전했다. 사람들이 피비린내 나는 전쟁을 계속하고 있을 때도 부피에는 매일 1백 개씩의 도토리를 박토 위에 심었다. 전쟁이 끝난 후, 장 지오노는 부피에에 대한 기억을 더듬어 그를 다시 찾아가보았다. 부피에는 여전히 거기 있었다. 다만 치던 양떼들을 모두 팔고 대신 양봉(養蜂)을 하고 있었다. 양들이 새순 돋는 떡갈나무를 갉아먹는 일이 생겨나자 이렇게 한 것이었다. 전쟁도 외면해버린 그 황무지 위에서 부피에는 여전히 도토리를 심고 있었다. 장 지오노는 그 후 매년 한 번씩 부피에를 찾아갔다. 여러 해 동안 계속된 전쟁을 통해 죽음에 단련되고 파괴에 익숙해진 장 지오노의 눈은 어느새 부피에가 만든 생명과 건설의 기적을 목격하는 확대경으로 바뀌어 가고 있었다.

1933년

그 해에도 어김없이 장 지오노는 부피에를 찾아갔다. 그러나 하루가 지나고 이틀이 지나도 부피에는 집으로 돌아오지 않았다. 장 지오노는 더럭 겁이 났다. 불길한 생각이 들었다. 그래서 부피에를 찾아나섰다. 그러나 부피에는 길 위에 쓰러져 있기는커녕 여전히 박토 위에 도토리를 심고 있었다. 부피에가 심고 가꾼 떡갈나무 숲이 너무 넓어져서 이제는 하루해 동안 일을 끝내고 돌아오기가 힘들었던 것이다. 그래서 부피에는 집으로부터 멀리 떨어진, 아직도 새로운 황무지가 널려 있는 곳에 작은 오두막을 지어놓고 그곳에 머물면서 여전히 도토리를 심고 있었다. 부피에의 나이는 75세를 넘어서고 있었다. 그러나 그는 장엄하리 만큼 건강한 상태였다. 그는 여전히 지칠 줄 모른 채 꾀부림 없이 생명을 심는 하느님의 운동선수였다.

프레데릭 바크의 애니메이션
〈나무를 심은 사람〉.
화가 바크는 부피에의 삶에 감동받아 5년 반 동안 2만여 장의 그림을 그려 애니메이션으로 완성했다.

1935년

박토의 황무지가 울창한 떡갈나무 숲으로 변한 것을 본 한 산림감독원의 보고로 의회에서 부피에가 살고 있는 지역에 조사단을 파견하였다. 의회조사단을 구성하고 있던 의원들, 산림전문가들, 고위 관료들은 입을 모아 감탄하며 그 숲을 가리켜 자연이 준 천혜의 선물이라고 말했다. 그들이 숲의 비밀을 눈치채지 못한 것은 당연했다. 그들은 한 번도 자신의 이해 관계가 걸려 있지 않은 땅에 나무를 심어본 적이 없었기 때문이다. 하지만 그들이 숲의 비밀을 아느냐 모르느냐는 중요한 것이 아니었다. 중요한 것은 박토의 황무지가 울창한 숲으로 바뀌고, 메마른 대지가 다시금 물을 머금게 되었다는 사실이었다.

그 이후

1939년 2차대전이 터졌다. 그러나 부피에의 나무심기는 그치지 않았다. 1945년, 또 한 번의 긴 전쟁이 끝났다. 숱한 생명이 스스로의 그물 속에서 살륙당할 때에도 부피에의 생명심기는 그치지 않았다. 그로부터 2년 후인 1947년 부피에는 세상을 떠났다.[13]

그리고… 2000년

반세기가 넘는 시간이 지났다. 이제 우리는 한 세기를 보내고 또 한 세기를 맞았다. 새로운 밀레니엄을 맞이하느라 소란스럽고 분주하기 그지없었다. 웅장한 밀레니엄 기념물을 세우고 갖가지 기념행사를 벌였으며 연일 밀레니엄의 화려한 레토릭이 각종 미디어를 장식했다. 그 웅장함과 화려함 속에서 그 누구도 엘제아르 부피에란 이름을 기억하지 않는다. 그러나 곰곰이 생각해보면 한평생 떡갈나무만 심다간 부피에야말로 21세기와 새로운 밀레니엄을 있게 한 숨은 공로자가 아닐까. 그가 심어놓은 떡갈나무 숲이 오늘날의 풍요로운 프로방스를 이루었으니 말이다.

그러나 어디 엘제아르 부피에뿐이랴. 그와 마찬가지로 묵묵히 자기만의 나무를 한 그루 한 그루 심어온 숱한 또 다른 부피에들이야말로 우리가 맞이한 21세기와 새로운 밀레니엄의 진정한 향유자가 되어야 마땅하다.

부피에는 지난 세기를 살다간 사람이다. 그러나 그의 삶에는 새로운 밀레니엄을 살아갈 전형 중의 하나가 녹아 있다. 자족에 근거한 홀로 있음을 향유할 줄 아는 삶이 그것이 아닐까 생각한다. 새로 맞은 밀레니엄 시대에 부피에가 그리운 것은 나만이 아닐 것이다. 그러나 마냥 부피에의 환생만을 기다릴 수는 없다. 나와 너, 그리고 우리 모두가 오늘 이 시대의 부피에가 되면 어떨까.

아폴로 13호가 위기다!

1970년 4월 11일, 통산 다섯 번째의 달 탐사를 위해 아폴로 13호는 미국 플로리다주 케이프 카나베랄을 이륙했다. 출발은 순조롭다 못해 완벽해 보였다. 아폴로 13호에는 세 명의 우주인이 탑승하고 있었다. 선장 겸 사령관이자 아폴로 8호로 달 궤도를 선회한 경험이 있던 제임스 러벨 2세(James A. Lovell, Jr.), 달착륙선 조종사 프레드 헤이스 2세(Fred W. Haise, Jr.), 그리고 사령선 조종사 존 수위거트 2세(John L. Swigert, Jr.)가 그들이었다. 특히 수위거트는, 아폴로 13호 출발을 앞두고 발병 가능성을 보인 사령관 메팅리(T. K. Mattingly)를 대신해서 출발 직전에 합류했다.

그러나 1년 전 아폴로 11호의 달착륙이 전세계에 위성중계되며 떠들썩했던 것과는 달리 1년 후 아폴로 13호의 달 탐사여행은 이미 언론과 세인들의 관심에서 저만큼 멀어져 있었다. 그리고 아

atom@bit

아폴로 11호의 달 착륙이 "한 인간에게는 작은 한 걸음이지만, 전 인류에게는 위대한 도약이다"라는 선장 닐 암스트롱(Neil Armstrong)의 유명한 말처럼 인류의 새로운 도약을 약속하는 희망적 메시지의 상징이었다면, 아폴로 13호의 예기치 않았던 경험은 인류의 미래에 대한, 결코 낙관할 수 없는 경고였다고 할 수 있다.

아폴로 13호 프로젝트

미국항공우주국(NASA)은 아폴로 13호의 총 비행시간을 열흘로 계획했다. 달까지 가는 데 사흘, 돌아오는 데 사흘, 그리고 달의 궤도를 도는 데 나흘이 소요될 것으로 보았던 것이다. 그리고 달 궤도를 도는 나흘 중 33시간 동안 달착륙선이 달표면에 착륙해 있

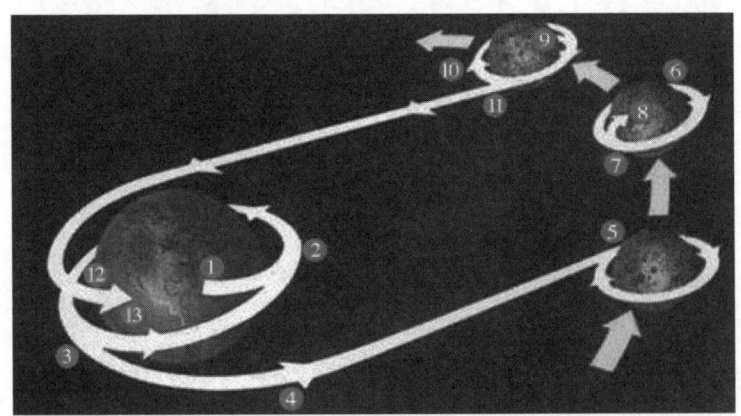

예정된 아폴로 계획은 이러했다. ① 발사 ② 지구 주회 궤도에 올라 지구를 2주회 ③ 제3단 로켓을 점화하여, 달로 향한 궤도에 오른다. ④ 제3단 로켓에서 착륙선이 떨어져 나와 달로 향한다. ⑤ 달 주회 궤도에 오른다. ⑥ 착륙선과 모선(母船 : 사령선 · 기계선)이 분리된다. ⑦ 착륙선, 착륙을 위해 하강로켓 점화 ⑧ 월면에 착륙, 월면 활동 ⑨ 착륙선, 월면 이륙(착륙선 하부가 발사대로 된다) ⑩ 모선, 착륙선과 도킹 ⑪ 착륙선을 버린 후 모선에 점화해서 귀환 궤도에 오른다. ⑫ 대기권 재돌입 ⑬ 파라슈트를 펼치고 감속해서 태평양상에 착수.

아톰@비트

을 예정이었다. 그 33시간 동안 달 표면에 대한 탐사와 약 95파운드에 달하는 암석을 수집하고 4, 5시간의 도보여행을 두 번 반복하면서 몇 가지 실험기구들을 설치할 계획이었다. 아울러 달의 바위 표면에 구멍을 뚫기 위해 처음으로 동력 굴착기를 사용할 계획이었고 달 현지에서 최초로 컬러 텔레비전 사진들을 지구에 보낼 계획도 마련하고 있었다. 그러나 지구 출발 사흘째인 4월 14일 오후 7시(미국 동부 시각), 달표면에 착륙하기로 되어 있던 아폴로 13호는 여전히 우주 공간을 떠돌고 있었다. 아폴로 13호 내부에서 폭발이 일어나 문제가 발생했기 때문이었다.

"우리에게 문제가 생겼다"

4월 13일 저녁 10시 8분경. 아폴로 13호가 달에 가까이 다가갔을 때 갑자기 폭발음이 들렸다. 사령선의 계기판에는 경고등이 깜박거리기 시작했다. 아폴로 13호에 승선했던 세 명의 우주인 가운데 한 사람이었던 수위거트의 날카로운 고함소리가 휴스턴에 있는 미국항공우주국 본부에 날아들었다.

"우리에게 문제가 생겼다."

이 갑작스런 고함소리를 수신한 미국항공우주국의 잭 루즈마는 당황한 나머지 "다시 한 번 말해보시오!" 하고 응대했다. 그러자 이번에는 아폴로 13호의 선장인 러벨이 애써 진정하려는 목소리로 말했다.

"우주선 내에서 큰 폭발이 있었다."

아폴로 13호는 사령선과 보조선, 그리고 달착륙선으로 구성되

atom@bit

어 있었다. 사고 당시 세 명의 우주인들은 사령선에 있었고 폭발은 주동력 추진 엔진과 아폴로 13호의 생명부양장치가 탑재되어 있던 보조선 쪽에서 일어났다. 보조선의 산소탱크가 폭발한 것이었다. 산소탱크의 폭발로 보조선에 탑재된 생명부양장치가 크게 훼손되었기 때문에 세 명의 우주인들은 산소 공급이 끊긴 사령선을 떠나 보조 생명부양장치가 탑재되어 있던 달착륙선으로 옮겨가야만 했다.

구조선으로 변한 달착륙선, 지구로의 역진(逆進)

아폴로 13호 본래의 달 탐사 계획은 전면 백지화되었다. 미국항공우주국은 세 명의 우주인을 무사히 귀환시키는 데 모든 역량을 집중시키기로 결정했다. 이제 달착륙선은 달에 착륙하는 대신 세 명의 우주인들을 안전하게 지구로 귀환시키기 위한 구조선이 되었다. 미국항공우주국의 동원 가능한 모든 사람들과 컴퓨터들은 달착륙선의 보조 생명부양장치를 최대한 가동해 이것이 구조선으로 기능할 수 있도록 급박하게 움직였다.

문제는 시간이었다. 우선 지구의 미국항공우주국에서는 구조선이 되어버린 아폴로 13호 달착륙선 안에 생명부양 소모품이 얼마나 남아 있으며 그것에 근거해 우주선이 지구로 귀환할 때까지 버틸 수 있는 시간이 얼마나 될런지를 추정하는 것이 급선무였다. 그러나 그 시간을 계산하는 것이 쉽지 않았다. 단편적인 정보들을 취합하는 데만도 적지 않은 시간들이 소요되었다. 따라서 우주인들의 긴급 귀환 프로그램을 진행시키는 데 필요한 전체 시간의 윤곽이 드러나지 않았다. 그러나 포기할 수는 없었다.

한편 우주 공간에서 영원한 미아(迷兒)로 남을 수도 있다는 불안감 속에서도 아폴로 13호의 선장 러벨과 조종사 헤이스는 위험을 무릅쓰고 달착륙선에 내장되어 있던 독립된 산소 및 전기 공급 계통들을 작동시켰다. 그런가 하면, 수위거트는 자신의 우주복에 연결된 호스를 통해 달착륙선으로부터 산소를 공급받으면서 사령선에 혼자 남아 보조선에 장착된, 폭발 가능성이 높은 주엔진의 모든 동력을 끊었다. 그리고 대신 달착륙선의 보조 로켓 엔진을 분사시켜 아폴로 13호가 달의 뒤쪽을 돌아 지구로 역진(逆進)할 수 있도록 조치했다.

귀환하는 아폴로 13호 : 산소 부족, 오염, 방사선 노출

다행히 달착륙선에 장착된 네 개의 보조 로켓 엔진이 모두 무리 없이 작동되었다. 세 명의 우주인들은 달착륙선의 추진이 멈추지 않도록 산소와 전기를 최대한 아꼈다. 선실의 온도는 빙점 이하로 급강하했고, 달착륙선 내의 이산화탄소 농도는 위험수위를 오르내렸다. 특히 아폴로 13호는 사령선에서 모든 우주 생활이 이루어지도록 설계되어 있었기 때문에 달착륙선 안에는 몸의 배설물을 처리할 수 있는 시설이 갖추어져 있지 않았다. 물론 우주 공간으로 배설물들을 버리는 방법도 있었지만 그것이 자칫 우주선의 미묘한 행로 변경을 초래할지도 모른다는 판단 아래 달착륙선 내의 좁은 공간 안에 배설물들을 자신들과 함께 방치해둘 수밖에 없었다.

atom@bit

그러나 지구 귀환을 앞두고 또 다른 문제가 있었다. 달 표면에 설치할 예정이었던 실험 장치에 동력을 공급하기 위해 가져갔던 8파운드 분량의 플루토늄을 어떻게 할 것인가 하는 문제였다. 결국 최종 귀환 단계에서 우주인들이 다시 사령선으로 옮겨 탄 후 보조선과 달착륙선을 사령선으로부터 분리시킬 때, 지구의 태평양 상에 버리기로 결정했다. 따라서 지금도 태평양의 심해(深海) 어딘가에는 아폴로 13호의 방사선 유물이 덩어리째 방치되어 있을지도 모른다.

우주선 지구호의 운명

아폴로 13호는 한 편의 드라마로 끝날 성질의 이야기가 아니다. 새로운 밀레니엄을 맞이한 시점에서 이 이야기는 우리 모두가 승선해 있는 우주선 지구호의 운명을 암시해주고 있는 것인지도 모른다. 우리의 생존을 의탁하고 있는 지구의 생명부양장치는 거의 매일 폭발의 위험을 감내하고 있다. 어쩌면 우리도 지구의 절반, 아니 그 이상을 포기하고 생명을 부지하기 위해 새로운 생명구조선으로 탈출하지 않으면 안 될 상황에 와 있는지도 모른다. 그나마 피신한 달착륙선이 인간들의 배설물로 오염되었듯이 우리의 마지막 남은 피난처들도 우리들의 손에 의해 오염되고 파괴되어가고 있다. 그러나 우리는 위기를 맞이한 지 오래이고 그 위기의 시계가 시시각각 우리를 압박하고 있는 것을 모르는 바도 아니다. 그렇다면 무엇이 문제인가? 관건은 실천이다. 그것도 큰 실천이 아닌 작은 실천들이다. 새로 맞이한 세 번째 밀레니엄 시대의 우주선 지구호의 운명은 푸른 별 지구를 살리기 위한 우리들의 작은 실천들 여하에 달려 있다 해도 과언이 아니다. 작은 실천들……. 다음 장에서 살펴볼 대니 서(Danny Seo)의 이야기는 그 작은 실천들이 의미하는 바가 무엇인지, 그리고 그것들이 세상을 변화시키는 데 얼마나 큰 힘을 가지는지를 보여줄 것이다.

뉴 밀레니엄 맨, 대니 서(Danny Seo)

하루 15분씩만 시간을 내면 우리가 사는 세상을 좀더 나은 곳으로 변화시킬 수 있다고 말하는 사람이 있다. 아니 그 말에 앞서 그것이 어떻게 가능한 것인지를 작은 실천들을 통해 직접 실행하고 있는 사람이 있다. 고등학교를 170명 중 169등으로 졸업했고 대학 진학도 포기했지만 정작 대학으로부터 강연 제의를 받은 사람이 있다. 영어 성적은 낙제였지만 미국의 유수한 신문과 잡지에 글을 기고했고, 사회 성적도 낙제였지만 그 어떤 변호사나 로비스트보다 훌륭하게 학생들이 동물 해부 실습을 거부할 수 있는 법을 통과시켜낸 사람이 있다. 미국에서 인기 1위의 토크쇼인 오프라 윈프리 쇼에 출연해 한 달 동안 3만 달러의 기금을 모아 사랑의 집짓기 운동에 전달한 사연을 밝힌 사람이 있다. 유색 인종에게 인색한 백인 중심사회에 신선한 충격을 주고 소수민족뿐만 아니라 주류의 백인들에게도 또 하나의 새로운 삶의 모델을 제시한 사람이 있다. 그러나 이처럼 경이롭게까지 여겨지는 일들을 이뤄낸 그 사람의 나이는 작년까지 스물두 살. 이제 막 해가 바뀌어 스물세 살(!)이다. 우리는 그의 이름을 대니 서(Danny Seo)라 부른다.

그는 영화 〈타이타닉〉으로 대성공을 거둔 영화배우 레오나르도 디카프리오, 가수에서 유방암 퇴치를 위한 사회운동가로 변신한 올리비아 뉴튼 존, 영국민들의 사랑을 한몸에 받고 있는 영국의 희망 윌리엄 왕자 등 쟁쟁한 인물들과 함께 〈피플*People*〉지가 선정한 '세계에서 가장 아름다운 50인'에 뽑힐 만큼 언론의 주목을 받았다. 그는 이미 〈뉴스위크*Newsweek*〉를 비롯해 각종 언론 매체에 5백 회 이상 소개되었고, 지난해 8월 31일자 〈워싱턴 포스트*Washington Post*〉지에서는 그에 관한 이야기를 특집으로 다루면서 그를 경외스러운 인물, 기적을 만들어내는 사람, 인정 많은 영웅이란 표현과 함께 '지구상에서 가장 경이로운 스물두 살'이라고 극찬했다. 사실 어떤 사람에 대한 칭찬이 이쯤되면 평범한 우리들 입장에서는 "도대체 뭐가 그리 대단하길래……" 하며 왠지 부아가 날 만도 하다. 그러나 정작 그는 간단한 티셔츠와 운동화 차림에 캔버스천으로 만든 가방을 메고 대중교통을 이용하거나 웬만한 거리는 걸어서 다니는 평범한 외모의 청년일 뿐이다.

히든 폰드(Hidden pond)를 살리자!

그는 나이에 걸맞지 않게 경력 10년째의 환경운동가이다. 물론 그는 말로만 떠들고 다니며 또 하나의 권력을 추구하는 그런 환경운동가가 아니다. 대니는 열두 살 때 이미 미국의 가장 강력한 청소년 환경 단체였던 '지구 2000(EARTH 2000)'을 만들어낸 주인공이다. 그는 친구들에게 생일선물 대신 자신이 만든 환경보호 단체에 가입하라고 했다. 일곱 명의 친구가 있었는데 단체 이름이 뭐냐고 물어 곰곰이 생각하다 '지구 2000'으로 정했다고 한다. 그러고 나서 그와 그의 친구들은 2000년이 오기 전에 지구를 구해내겠다고 선언했다. 어찌보면 치기어리다 못해 아이들 장난 같은 일처럼 여겨지지만, 자신의 12번째 생일에 모인 친구 일곱 명과 23달러로 시작한 이 모임은 97년 해체될 때까지 2만 6천여 명의 회원을 가진 미국 최대의 청소년 환경운동 단체로 성장했었다.

그렇다면 대니와 그의 친구들이 무슨 일을 저질렀던 것일까. 먼저 대니는 그의 친구들과 '숲 지키기'에 나섰다. 대니의 첫 번째 캠페인 현장이었던 히든 폰드 일대는 대니가 살고 있는 지역의 동물 서식처였고 유서 깊은 숲이었다. 한 개발업자가 이곳에 고급 주택을 짓겠다고 들어오면서 일은 시작됐다. 대니의 유별난 '숲 지키기' 전쟁이 시작된 것이다. 대니는 전쟁을 벌이기 위해 먼저 이 숲을 지킬 만한 이유가 될 사안들을 모두 기록하고 사진을 찍었다. 그 다음에는 숲을 보존하자는 여론을 형성해갔다. 그러나 개발은 시작되었고 히든 폰드 주변으로 집들이 들어섰다. 그렇지만 겨우 열세 살이었던 대니와 그의 친구들의 결사적인(!) 반대 캠페인으로 숲의 일부는 지킬 수 있었다. 10년이 지난 지금까지도 팔리지 않은 곳이 있을 만큼 당시 대니의 캠페인은 성공적이었다. 대니는 말한다.

　　이 운동을 위해 철저한 조사를 했다. 도서관, 역사연구회를 방문하는 데 많은 시간을 투자했고 고고학자, 큐레이터들을 계속 따라다니며 정보 좀 달라고 귀찮게 했다. 이때 우리 부모님이, 내가 진지하게 이 일을 하고 있다는 것을 알았던 것 같다. 부모님은 나를 멀리 떨어진 역사학회에 데려다주곤 했다. 어느 날은 12시간 후에 데리러 오셨는데 나는 여전히 자료 조사를 하고 있었다. 정말 열심히 연구했다.

　　신문에 "10대들 개발업자와 전투 중"이란 내용이 기사화되면서 대니의 '지구 2000' 회원은 1천 명으로 늘어나고 전국적으로 강력한 조직이 되었다. 그 후 대니는 본격적으로 일을 벌여 나가기 시작했다. 95년 이곳의 한 대형 의류 체인점에서 모피 장식이 달린 옷을 팔기 시작했을 때, 대니와 '지구 2000'은 또다시 반대 캠페인을 벌였다. 대대적인 불매운동과 함께 수천 통의 항의 편지를 써서 이 회사 경영진에게 보냈다. 결국 회사측은 한 달 만에 손을 들었고 모피 장식이 달린 옷들은 진열대에서 내려졌다.
　　어린 환경운동가 대니를 기억하게 하는 또 하나의 일화가 있다. 95년 대니는 학생들이 동물 해부 실습을 거부할 수 있는 법을 통과시켰다. 그 이전까지 펜실베이니아주에서 생물 시간의 동물 해부 실습은 무조건 필수였다. 대니는 여기에 반발하고 나섰다.

　　나는 어릴 때부터 동물 해부를 싫어했다. 선택의 여지없이 강요당

atom@bit

하는 것은 더욱 싫었다. 완전한 해부 철폐를 주장한 것은 아니었다. 다만 의학분야에 관심이 없는 젊은이들은 다른 선택을 할 수 있다고 생각했다. 그래서 교육위원회를 찾아가 개구리 해부나 컴퓨터 교육 중 선택할 수 있게 해달라고 했다. 그들은 웃으면서 안 된다고 했다. 그렇다면 그런 법을 만들어 통과시키겠다고 했더니 또 웃었다.

사람들이 웃을만 했다. 그러나 대니는 "동물 해부는 잔인할 뿐, 쓸모없는 일이다"라는 제하의 의견을 신문에 투고했고 펜실베이니아주 의회를 찾아가 로비를 시작했다. 웃던 사람들이 신기하다는 듯 관심을 보였고 마침내 대니가 장난하는 것이 아님을 알게 되었다. 대니는 남들이 작고 보잘것없다고 생각해 한 켠으로 치워둔 일들에서 그것의 진정한 의미와 문제를 발견하곤 했다. 그것이 남들과 달랐다. 대니는 동물 해부보다는 컴퓨터 교육에서 더 큰 의미를 발견할 수 있음을 찾아내 제시했다. 또 환경 측면에서도 동물을 죽이는 것은 해롭다고 주장했다. 그의 생각들은 분명하고 명료했다. 그는 그 생각들을 편지에 담아 모든 관계자들에게 집요하게 보냈다. 그 결과 몇 달 후 펜실베이니아주는 미국에서 두 번째로 학생들의 동물 해부 실험 거부권을 인정한 주(州)가 되었다.

학교 안의 낙제생, 사회 속의 우등생

대니의 부모는 지난 73년에 한국을 떠나 미국으로 이민왔다. 대니는 2남 1녀 중 막내였다. 마취과 의사인 아버지 덕분에 생활은 여유가 있었고 대니의 형과 누나는 우등생이었다. 그러나 대니는 모범적이고 순응적인 형이나 누나와는 많이 달랐다.

열한 살 때의 어느 날 밤, 대니는 한 TV 심야 토크 프로그램을 보다가 그의 장래를 결정짓는 큰 결심을 하게 되었다. 그날의 초대손님은 한 동물보호단체 설립자였다. 그녀는 동물보호를 역설했지만 청중들은 그녀를 비웃었다. 마침 대니는 치킨 샌드위치를 먹고 있었는데 TV에 닭 도살 장면이 나오자 갑자기 역겨워져 다시는 닭고기를 먹고 싶지 않다는 생각이 들었다. 그래서 치킨 샌드위치를 버렸다. 그날 이후 자신은 채식주의자가 됐다는 것이 대니의 설명이었다. 대니다운 결심이었다.

공부에 대한 관심보다는 '지구 2000'의 일을 더 좋아한 대니는 일주일에 50시간씩 시간을 투자했고 당연히 성적은 자꾸 떨어졌다. 결국 대니는 95년에 170명 중 169등으로 졸업했다. 비록 학교 성적은 나빴지만 대니는 '지구 2000'과 같은 사회활동을 통해 더 많은 것을 배웠다. 그의 영어 성적은 낙제였지만 신문과 잡지에 글을 기고했고, 사회 성적도 낙제였지만 그는 캠페인을 성공시키는 훌륭한 로비스트였다. 대니는 교실에 앉아 수동적으로 지식을 습득하는 아이가 아니었다. 대니는 행동하는 가운데 스스로 배워나가는 사람이었다.

현행 교육제도 하에서 학생들은 그저 앉아서 교사의 가르침을 수동적으로 받아들인다. 대학도 마찬가지여서 여간해서 무엇을 실천하기는 어렵다. 그러나 대니는 그런 수동적인 유형의 학생이 아니었다. 대니는 어떤 문제가 발생하면 편지를 쓰고 홍보자료를 만

atom@bit

들고 캠페인을 벌였다. 그 문제를 대중에게 알리기 위해 로비를 하고 항의 시위를 조직하곤 했다. 이런 일을 할 수 있는 10대는 결코 많지 않다. 대니는 영향력을 가진 10대였고 미국은 그를 인정했다. 98년, 인류의 발전에 공헌한 사람들에게 주어지는 '슈바이처 인간 존엄상'이 그에게 수여된 것은 우연도 행운도 아닌 당연한 귀결이었다.

고등학교를 졸업한 대니는 대학에 진학하지 않았다. 대신 그는 '지구 2000'을 탈퇴하고 1년 동안 쉬면서 자신의 경험을 바탕으로 책을 썼다. 《행동하는 세대 : 초보자를 위한 행동주의 *Generation React : Activism for Beginners*》[14]라는 제목의 이 책은 대니가 자신의 환경운동 경험을 바탕으로 쓴 것으로, 기본적인 활동에서 모금 방법까지 사회운동을 시작하는 초보자를 위한 책이었다. 대니는 이렇게 말한다.

중요한 것은 인종이나 국적, 나이나 학벌이 아니다. 세상을 변화시키기 위해선 개개인의 역량이 중요하다. 어떻게 변화시켜야 할지는 스스로가 결정해야 한다. 내가 변해야 세상도 변한다. 사람들은 항상 불평만 한다. 잘못된 건 고쳐야 한다고 말만 한다. 불평하고 분석하는 것을 멈춰야 한다. 세상을 바꾸기 위해서는 행동을 해야 한다.

하루 15분의 투자로 세상을 바꿀 수 있다

첫 번째 책을 쓴 후 대니는 워싱턴으로 갔다. 좀더 넓은 곳으로 가고 싶었던 것이다. 하지만 워싱턴에 도착한 대니를 아무도 알아주지 않았다. 그러나 대니는 놀라우리 만큼 적절하게 자신의 장점을 발휘하기 시작했다. 대니는 약점을 장점으로 바꾸는 사람이었다. '나이가 어리다 혹은 한국계이다'라는 것은 그에게 더 이상 문제가 되지 않았다. 그는 어린 시절부터 미국 사회의 구조를 잘 알고 있었다. 그래서 대니는 어린 나이와 소수민족 출신임을 한계로 느끼기보다는 오히려 그것을 이용할 줄 알았다. 먼저 대니는 오프라 윈프리 쇼를 비롯한 언론매체에 적극적으로 접촉을 시도했다. 오프라 윈프리 쇼는 미국에서 인기 1위의 토크쇼다. 대니는 그 프로그램에 나가기 위해 1년 반이나 제작진을 설득했다. 자신이 왜 출연해야 하는지 여러 번 아이디어를 냈다. 어느 날 프로그램의 PD가 자신들이 후원하는 자선활동을 위해 3만 달러를 모금할 수 있느냐고 물어왔다. 그리고 만약 그것을 성사시키면 오프라 윈프리 쇼에 출연시키겠다고 했다. 대니는 30일 후에 3만 달러를 모금해냈다. 그리고 오프라 윈프리 쇼에 출현했다.

대니가 모은 3만 달러는 '사랑의 집짓기' 운동본부에 전달되어 볼티모어에 있는 한 흑인 가정에 새 집을 마련해주었다. 대니는 98년 사랑의 집짓기 운동본부에 총 6만 4천 달러를 기부했고 볼티모어 외에도 아칸소주 리틀락에 또 한 채의 집을 지어줄 수 있었다. 대니는 집이 필요한 사람에게 집을 마련해준다는 것은 단순히 살 곳을 마련해주는 것 이상의 의미가 있다고 생각했다. 집은 사람에게 자부심을 갖게 하고 새로운 삶을 시작할 기회를 주기 때문이라는 것이다. 전적으로 옳은 이야기가 아닐 수 없다.

대니는 언론의 힘을 알고 있었다. 그리고 로비를 하는 방법, 기

atom@bit

금을 모으는 법, 언론을 이용하는 법에 대해 자기만의 노하우가 있었다. 대니의 예상은 적중했고 오프라 윈프리 쇼 출연은 대니에게 일대 전환점이 되었다. 그 후 대니는 1년에 30여 차례의 강연과 방송 출연을 하고 있다. 그러나 대니의 발걸음은 여기서 멈추지 않았다.

오프라 윈프리 쇼 출연 이후 많은 이메일을 받았는데 약간 실망스러운 부분이 있었다. 당신에게서 많은 감명을 받았지만 나는 당신처럼 할 수 없다는 내용이었다. 가족도 있고 직장도 있고 너무 바쁜데 어떻게 사회운동을 할 수 있느냐는 것이었다. 그래서 나는 15분 안에 세상을 변화시킬 수 있는 구체적인 방법에 관한 글을 썼다. 《지상 위의 천국 : 세상을 바꾸는 15분의 기적 Heaven on Earth : 15-Minute Miracles to Change the World》이 바로 그 책이다.[15] 모든 사람이 하루 15분은 시간을 낼 수 있다. 이 책은 하루 15분을 투자함으로써 세상을 바꿀 수 있는 간단하고도 구체적인 방법을 제시하고 있다. 그러니 시간이 없다는 변명은 더 이상 할 수 없다.

대니는 지상의 천국을 만들 수 있는 갖가지 실천 방법을 구체적으로 제시한다. 몇 가지만 예시하면 이렇다.

▶ 기적을 만들어라.
나는 매일 기적을 실행한다. 내가 말하는 기적이란 하루에 약간의 시간을 투자해서 세상을 조금이라도 변화시키는 것을 의미한다. 예를 들어 오늘 나는 항공사에 전화해 나의 보너스 점수를 어린이 자선단체에 기부했다.

▶ 간단할수록 좋다.
나는 최소한의 것으로 충분하다고 생각한다. 사람들은 일을 복잡하게 만드는 경향이 있다. 실제로 해결책은 간단한데 말이다. 중요한 것은 무엇이 잘못되었는지 판단하고 바로 행동하는 것이다.

▶ 친절은 전파된다.
간단히 말해 당신이 친절하면 다른 사람도 따라서 친절해진다는 것이다. 친절은 바이러스 같은 것이어서 다른 사람에게 퍼져나간다. 내가 세상을 조금이라도 바꾸면 이것도 점차 많은 사람에게 퍼져나갈 것이다.

이처럼 대니가 제안하는 실천 방법들은 아주 작은 것들이다. 그러나 작은 것의 실천은 큰 힘으로 되돌아온다. 그래서 대니는 이렇게 강조해 말한다.

어떤 사람은 하루 15분 투자로 세상을 바꾸다니 믿을 수 없는 일이라고 말한다. 내가 책을 팔기 위한 상술로 만든 것이라고 얘기하기도 한다. 그러나 대부분의 사람들이 세상을 변화시키려 할 때 처음부터 숲을 지키거나 포경어업에 반대하거나 집을 지어주는 일을 하지는 않는다. 나의 책에는 1백 가지 아이디어가 있다. 모든 사람이 1백 일 간

하루에 15분씩, 나중엔 30분, 한 시간으로 시간을 늘려가며 노력하면 어느 날 3만 달러를 모금할 수도 있고 고래를 구할 수도 있다.

그는 진정한 '뉴 밀레니엄 맨'이다

대니는 지난해 워싱턴에서 뉴욕으로 옮겨갔다. 세계적인 언론 매체들이 많은 뉴욕이 자신의 메시지를 전달하는 데 좀더 유리하다는 판단에서였다. 열두 살 때 세상을 구하겠다는 꿈을 가졌던 소년 대니, 그는 청년이 된 지금도 그 꿈을 실천하고 있다. 대니는 다양한 인종이 사는 미국, 그러나 유색인종에게 인색한 백인 중심사회에 신선한 충격을 주고 있다. 소수민족뿐만 아니라 주류의 백인들에게도 새로운 삶의 한 모델이 되고 있는 것이다. 미국 언론의 찬사는 그것을 대변한다.

대학 졸업장보다는 자신의 꿈과 신념을 믿었던 대니. 그의 성공은 기존 재미 한인들의 성공과는 다르다. 탁월한 성과를 올리거나 고위직에 오른 것도 아니고 엄청난 부를 쌓은 것은 더더욱 아니다. 대니의 신념이나 성공은 우리가 가진 성공의 잣대로는 잴 수 없는 것이다.

그런 의미에서 대니는 진정한 뉴 밀레니엄 맨(new millennium man)이다. 새로 맞이한 밀레니엄 시대를 어떻게 살아갈 것인가를 보여주는 좋은 예이다. 그는 거시보다는 미시, 정주보다는 유목, 사변보다는 행동, 논리보다는 감성, 학습보다는 실험이라는 새로운 시대철학에 부합하는 일상을 성실히 살아왔고 또 살고 있다.

활기찬 뉴욕을 좋아하는 스물세 살 청년 대니. 하지만 현재로

선 일주일에 한 번 고향 친구를 만나 점심을 먹는 것이, 요즘 그가 누리는 여유의 전부다. 대니는 현재 뉴욕의 사무실에서 세 번째 책을 쓰고 있고 자신의 아이디어를 사람들에게 전해줄 TV쇼를 준비 중이다.[16] 새로운 밀레니엄 시대로 접어든 오늘도 대니는 더 나은 세상을 만들기 위해 '작은 실천이 세상을 바꾼다'는 평범하지만 아주 힘 있는 메시지를 쉬지 않고 전파하고 있다.

atom@bit

대니가 제시하는 누구나 할 수 있는 작은 실천 사례들

* 항공기 보너스 마일리지를 기증하자. '아이들을 위한 기적의 비행(Miracle Flights for kids)'에서는 기증받은 마일리지로 병든 어린이들을 전국에 있는 치료시설이나 병원으로 수송할 수 있다.

* 박물관 혹은 미술관의 무료 입장권을 지역학교에 기증하자. 입장료를 지불할 형편이 안 되는 미술 지망생들에게 기회를 줄 수 있다.

* 여행할 때 호텔에서 샴푸, 린스, 비누, 구강청정제 등을 싸오자. 이것들도 노숙자들에게는 긴요하게 쓰일 수 있다.

* 사용하지 않는 낡은 휴대폰을 기증하자. 이 낡은 휴대폰으로 911에 바로 연결할 수 있는 긴급구조호출기를 만들어 지원할 수 있다.

* 오래된 연하장을 모아 기부하자. '어린이를 위한 세인트 주드 목장(St. Jude's Ranch for Children)'에서는 학대받고 소외된 아동을 위해 헌 연하장을 활용해 새 연하장을 만드는 일을 한다.

* 구세군이나 굿윌 인더스트리즈(Goodwill Industries) 같은 단체에 쓸만하고 깨끗한 중고가구를 기증하자. 영세민들에게 유용하게 쓰일 수 있다.

* 중고 컴퓨터와 카세트 테이프 등을 그냥 버리지 말고 교육기관에 기부하자. 다양한 학교 교육재로 재활용될 수 있다.

* 여러 번 들어서 지루해진 CD를 지역 도서관에 기증하자. 다른 도서관 이용자들이 여러 종류의 음악을 접할 수 있게 된다.

* 웹 사이트에서 구입한 물품 가격의 최대 12.5%까지 각자 선택한 자선단체에 기부하는 온라인 쇼핑몰(www.igive.com)에 등록하자. 굳이 물건을 사지 않고 무료회원으로 등록만 해도 igive.com은 자선기관에 2달러를 기부할 것이다.

* 라이온스 클럽에 낡은 안경을 기부하자. 경제적으로 어려운 노인들에게 새 안경이 되어 돌아갈 수 있다.

atom@bit

시간일기를 쓰자

 1916년 1월 1일, 러시아의 과학자 알렉산드르 알렉산드로비치 류비세프는 시간에 대해 매우 비상한 결심을 한다. 그날 이후 그는 자신의 모든 시간을 철저히 계획·관리·기록·통계·평가하였다. 이른바 '시간통계법'을 통하여 그로부터 1972년에 사망할 때까지 56년 간을 시간 효율의 극대화를 위해 살다시피 했다. 그 덕분에 그는 생물학·곤충학·과학사 등 자신의 전공에 정통하게 되었고 철학·문학·역사 분야에서도 전문가를 능가하는 경지에 이를 수 있게 되었다. 그는 70여 권에 달하는 전문 저서와 타자 원고 12,500장에 이르는 엄청난 양의 논문을 남길 수 있었다. 또 1만 3천여 마리에 달하는 원조충 표본을 수집하였고 이 중 5천여 마리의 원조충을 감정·측정·해부하여 박편 표본으로 만들었다. 이것들을 가능하게 했던 것은 그의 시간일기를 통한 독특한 시간

관리 덕택이었다. 류비세프의 시간일기는 이런 식이었다.[17]

울리야노프스크 1946년 4월 7일
    곤충분류학 : 이름 모를 나방의 그림을 두 장 그렸다—15분
               나방을 감정함—20분
    보충 업무 : 슬라브에게 편지를 씀—2시간 25분
    대인 업무 : 식물보호위원회 회의에 참석—2시간 25분
    휴식 : 이고르에게 편지를 씀—10분
        〈울리야노프스크 프라우다〉지를 읽음—10분
        톨스토이의 작품 〈세바스토폴의 기사〉를 읽음—1시간 25분
기본 업무 총계—7시간 10분

또 류비세프는 그의 논문들마다 논문에 들인 시간을 다음과 같은 형식으로 계산해놓았다.

    준비(논문 집필 구상, 기타 원고와 참고문헌 열독)—14시간 30분
    집필—29시간 15분
    합계—7일 간(1921년 10월 12일부터 19일까지) 43시간 45분

진실로 행복한 사람은 시간을 보지 않는 법?

진실로 행복한 사람은 시계를 보지 않는다고 했다. 사실 시계를 자주 보는 사람 중에는 지금 하는 일이 맘에 들지 않아 빨리 끝내기를 바라든지, 다른 할 일이 있어서 시간에 쫓겨 초조한 경

우가 적지 않기 때문이다. 그러나 류비세프는 끊임없이 시계를 보아야 하는 고역(?)을 자진하면서 시간일기를 평생토록 썼다. 외형적으로는 그가 시간을 지배한 것인지 아니면 시간의 노예가 된 것인지를 선뜻 판단하기 어려울 정도였다. 그러나 그는 자신의 일에 대해 싫증을 낸 적도 없고 다른 할 일 때문에 시간에 쫓겨 초조해 하지도 않았다. 그는 기꺼운 마음으로 시간일기를 썼고, 그 습관은 그로 하여금 자신이 해야할 일에 얼마 만큼의 시간이 소요될 지를 시 단위, 분 단위까지 정확히 사전에 알 수 있도록 만들어주었다. 그래서 그는 어떤 일을 하든지 시간 계획의 차질 때문에 실수를 저지르거나 시간에 쫓기는 일이 없었다.

시간의 흐름 위에서만 우리 삶은 디자인된다

60년 가까운 세월 동안 시간일기를 적은 류비세프에게는 시간에 대한 일종의 특수한 감각이 형성되었다. 실제로 그는 시계를 보지 않고서도 자신의 작업 시간을 정확하게 가늠하곤 하였다. 하루도 거르지 않은 시간일기의 습관 덕분에 몸 속 깊숙한 곳에서 똑딱거리며 움직이는 생물시계가 이미 시간을 지각할 수 있도록 기관화됐을 것으로 여겨진다. 그런 바탕 위에서, 그는 자신에게 주어진 시간을 최대한 활용할 삶의 디자인을 짜나갔다. 그럼으로써 궁극적으로 그에게 부여된 한정된 시간들로부터 자유로워질 수 있었다. 그리고 자신의 삶에 대한 좀더 본격적인 게임을 진행시키는 데 집중할 수 있었다.

삶을 디자인할 때 가장 우선적으로 고려해야 할 것은 두말할 나

위도 없이 시간의 문제이다. 무엇보다도 시간은 한정된 재화이고 우리는 주어진 그 시간 안에서만 움직일 수 있기 때문이다. 따라서 시간에 대한 엄밀한 개념이 없는 삶의 디자인은 그 자체가 쇼윈도에 걸린 구경거리는 될지언정, 구체적인 현실화는 불가능한 것이다. 우리는 예외 없이 시간의 흐름 위에 떠 있는 배이다. 게임의 규칙은 시간을 거슬러 올라가는 것을 용납하지 않는다. 오직 시간이라는 흐름 위에서만 우리의 삶은 디자인되는 것이다. 따라서 제대로 된 나의 삶을 디자인하고자 한다면, 시간을 다룰 줄 알아야 한다. 그런 맥락에서 시간일기를 적는 노력은 결코 헛된 일일 수 없다.

시간일기는 단순히 시간을 계산하는 것이 아니다. 그것은 자신의 삶과 주어진 시간에 대한 애정을 카운트하는 것이다.

atom@bit

'시(時)테크'만으로는 안 된다

류비세프의 시간일기는 단순히 시간을 계산하는 것이 아니었다. 그것은 자신의 삶과 주어진 시간에 대한 애정을 카운트하는 것이었다. 흔히 '시(時)테크'라는 말을 하지만, 시간 관리는 단순한 테크닉이 아니다. 개인의 시간 관리는 자신의 삶에 대한 애정에서 출발하지 않으면 효과가 없다. 집단의 시간 관리 역시 마찬가지여서 집단공동체에 대한 애정이 없으면 그 시간 관리는 얼마 못 가서 소용없는 일이 되어버리고 만다. 결국 삶에 대한 애정이 녹아 있지 않은 시간 관리는 지극히 기계적일 수밖에 없고 오히려 사람을 더욱 피곤하게만 만들 뿐이다. 우리는 시간의 노예가 아니다. 우리는 주어진 시간 안에서 그것들을 향유할 권리가 있다. 대부분의 사람들이 시간 관리에 실패하는 이유는 그들이 시테크를 몰라서가 아니라, 자신의 삶에 대한 진지한 애정이 부족해서이다. 자신의 삶에 대한 진지한 애정 없이 시간 관리를 한다는 것은 곧 자기 자신을 애써 시간의 노예로 만드는 것에 지나지 않는다.

이제 자신의 삶에 대해 좀더 진지한 애정을 갖고 시간일기를 적어보자. 새로운 시간이 창출되고 새로운 삶이 펼쳐질 것이다. 자신의 삶이 변화하는 것을 볼 것이다. 자! 새해부터 시간일기를 쓰자. 새로운 세기를 맞아 새로운 밀레니엄의 시간일기를 쓰자. 후회는 항상 뒤늦게 오게 마련이다. 지금 시작하자. 자신의 삶에 대한 애정어린 카운트를……

감성의 로직

잘 알려져 있는 것처럼 종이, 화약, 나침반 등은 중국의 기술이 만들어낸 발명품들이다. 14세기 이전에 중국은 기술 자체로 볼 때, 세계 최고 수준을 자랑했다. 조셉 니덤(Joseph Needham)의 《중국에서의 과학과 문명 Science and Civilization in China》은 그것을 실증적으로 밝혀주고 있다. 그러나 그 후 중국은 기술이 점점 낙후되었다. 그리고 5백 년 후에는 서구의 테크놀러지를 바탕으로 한 자본과 군사력에 굴복당했다. 이 역사의 아이러니에 대해 많은 학자들이 의견을 내놓았다. 나의 의견은 이렇다.

먼저 테크놀러지(technology)와 기술(technic)은 엄격히 다르다. 14세기 이전의 중국이 내놓았던 것은 하나의 기술이었지, 그것이 그 사회의 로직(logic)과 결합해 이루어지는 테크놀러지는 아니었다. 기술이 그 사회의 문화적 근간과 결합하지 못하면, 그래서 새로운 기술의 로직을 형성하지 못한다면 그것은 사실상 거대한 장난감에 불과하다. 중국사회는 그들의 새로운 기술과 주자학적 세계관 내지 사농공상(士農工商)의 문화관을 제대로 결합시켜내지 못했다. 그래서 그들은 세계 최초의 기술을 발명할 수는 있었지만 그것을 그 사회의 로직과 결합시켜 한 차원 더 높은 단계로 발전시키지는 못했던 것이다. 결국 사회를 변화시키는 힘으로서 테크놀러지를 주목한다면, 우리는 그것이 단순히 기술적 수준의 문제가 아닌 기술과 로직의 문화적 결합임을 주목하지 않으면 안 된다. 그리고 기술과 로직이 결합될 때 비로소 그것이 힘을 발휘함도 당연히 주지해야 한다.

감성의 로직

각각의 시대에는 그 시대를 이끌어가는 로직이 있게 마련이다. 새로 맞이한 세기와 세 번째 맞는 밀레니엄의 시대도 나름의 로직이 요구됨은 물론이다. 그렇다면 새 밀레니엄 시대를 추동시키고 이끌어갈 로직은 과연 무엇일까? 나는 그 로직이 다름아닌 '감성의 로직(the logic of sense)'임을 강조하고 싶다. 우리는 더 이상 '이성의 시대'를 살고 있지 않다. 우리가 살아갈 세 번째 밀레니엄 시대는 '감성의 시대(the age of sense)'이다. 따라서 이 시대를 살아가기 위해서 요구되는 것은 차가운 이성, 경직된 합리성이 아니라 따뜻하고 유연한 감성이다. 물론 감성이 비(非)이성 혹은 반(反)이성이라고 생각해서는 곤란하다. 종래의 '이성/감성'의 이분법적 사고틀로는 더 이상의 논의가 가능하지 않다. 카오스(chaos)가 단순히 혼란이 아니라 그 나름의 변화무쌍함 가운데의 질서이며 바로 그런 점에서 코스모스(cosmos)와도 통한다는 것을 제대로 인식한다면, 감성도 단순히 이성에 배치되는 그 무엇이기보다는 그 나름의 로직을 갖는다는 것을 잊어서는 안 된다. '감성의 로직'. 새로운 밀레니엄 시대가 요구하는 요체가 바로 거기에 있다.

헨리 무어의 청동조각상이 말을 걸어오다

영화 〈위기의 남과 여〉에서 호텔방을 청소하던 한 귀머거리 처녀가 헨리 무어(Henry Moore)가 만든 팔뚝 크기의 청동조각상을 훔치는(?) 사건이 발생한다. 그러나 엄밀히 말하면 그 귀머거리 처녀는 청동조각상을 훔친 것이 아니라 그 청동조각상이 자신에게 말을 걸어왔기 때문에 단지 그것을 들고서 방문 밖으로 나온 것뿐이다. 물론 훔쳤다고 말해도 어쩔 수 없는 노릇이지만 적어도 그녀는 자신에게 난생 처음으로 무엇인가가 말을 걸어오고 그것이 들린다고 느꼈던 신비감에 매료되어 그 청동조각상을 들고 나왔던 것이다. 아무것도 들을 수 없는 귀머거리 처녀가 실제로 아무 말도 할 수 없는 청동조각상의 속삭임을 듣는다? 이성과 합리성으로 꽉 짜여진 머리로는 도저히 이해할 수도 납득할 수도 없는 일이다. 그러나 이것을 수긍하고 이 상황을 긍정할 뿐만 아니라 그것을 공감하고 더 나아가 여기서 새로운 상상력과 창의성의 시너지를 발휘할 수 있게 하는 것이 다름아닌 감성의 로직이다.

atom@bit

앙드레 가뇽, 피아노 위에서 꿈꾸다

지난해 가을, 예술의 전당 콘서트 홀에서 앙드레 가뇽(André Gagnon)의 피아노 리사이틀이 있었다. 예순을 바라보는 나이— 그는 1942년생이다—가 믿기지 않을 만큼 그의 선율은 첫사랑의 그것처럼 감미로웠다. 〈바다 위의 피아노Un piano sur la mer〉라는 곡을 연주하기에 앞서 그는 청중들에게 "바다 위의 피아노를 꿈꿔보라"고 주문했다. 바다 위의 피아노를 꿈꿔보라니? 이성과 합리성으로 무장한 사람은 먼저 바다 위에 피아노를 띄울 궁리부터 할지 모른다. 뗏목 위의 피아노, 요트 위의 피아노 혹은 함선 위의 피아노 하는 식으로 말이다. 그러나 앙드레 가뇽이 주문한 것은 그것이 아니지 않겠는가. 감성의 로직은 직관적으로 주저없이 바다 위의 피아노를 상상하게 만든다. 그리고 그 상상이 꿈틀거리며 운동하게끔 한다. 그런 의미에서 감성의 로직이란 제한받지 않고 억압당하지 않은 상상력의 운동이다. 상상력이 뛰놀 수 있는 우리 마음의 정서, 바로 거기에서 감성의 로직은 싹트고 열매 맺는다.

상상력과 감성의 로직

상상력은 현실과 대립하는 비현실이 아니다. 상상력이라는 정신적 가치는 프로이트(Sigmund Freud)에 의해서 명백한 의식 밑에 꿈틀거리는 무의식(unconsciousness)으로 그 모습을 드러냈다. 융(Carl Gustav Jung)에 의해서는 그 무의식 자체가 다원적으로 되어 있다는 것, 또한 그 무의식이라는 정신적 가치는 의식과 억

지금 여기에서 꿈꾸라.
상상력을 통해 감성의 로
직은 자기운동을 한다.
그 감성의 로직이 새로운
밀레니엄을 이끈다.

압·배제의 관계에만 놓여 있는 것이 아니라 균형을 취하고 종합화하는 도정에 놓여 있음이 밝혀졌다. 바슐라르(Gaston Bachelard)에 의해서는 상상력이 합리성·객관화를 지향하는 의식과 어깨를 나란히 하되, 그와는 다른 창조성을 지니는 의식의 한 부분으로 편입되는 한편, 상상력은 마냥 자유분방한 것이 아니라 인간성이라는 가능성이자 한계 안에 닫혀 있음을 확인할 수 있었다. 마침내 이런 전제 위에서 뒤랑(Gilbert Durand)은 상상력의 인류학적 구조를 밝히고자 했다.[18] 결국 상상력이란 인간이 인간일 수 있는 유적본질(Gattungswesen)의 또 다른 측면이며, 모든 창조성의 근원에는 상상력이 똬리를 틀고 있는 것이다. 바로 이 상상력을 통해 감성의 로직은 자기 운동을 한다.

atom@bit

시각화 테크닉(visualization technic)

여기 아홉 살 난 아이가 '별들의 전쟁'이라는 시각화 테크닉을 이용하여 악성 종양을 스스로 치료한 에피소드가 있다.

아홉 살 난 개릿 포터는 시한부 환자라는 진단을 받았다. 약 여섯 달 정도밖에 살 수 없다는 진단이었다. 그 아이의 머리 속에는 아주 심한 악성 종양이 있었다. 방사능 치료도 효과가 없었다. 종양의 위치 때문에 수술도 불가능했다. 그 아이는 한 번 쓰러지면 다시 회복될 가망이 없었다. 그러나 포터는 자기 마음을 통하여 자신의 면역 시스템이 아주 강하다고 시각화하였다. 그 아이는 머리 속에서 '별들의 전쟁'을 그려보았다. 자신의 뇌는 태양계이고, 종양은 태양계를 침입한 사악한 악당이라고 상상했던 것이다. 또 그 아이는 자기 자신을 종양과 맞서 싸워 이기는 우주 전투중대 대장으로 시각화했다. 개릿은 매일 밤 자기 전에 20분씩 이 테크닉을 이용하였다. 처음 얼마 동안은 상태가 점점 나빠졌지만 곧 좋아지기 시작하였다. 다섯 달 후 뇌검사를 실시했다. 놀랍게도, 종양은 사라져버리고 없었다.[19]

여기서 우리는 마음 속으로 자기가 원하는 것, 곧 진정으로 욕망하는 것을 그려본다는 것이 게으른 백일몽(白日夢)이 아니라 감성의 로직에 부합하는 창조적인 일일 뿐만 아니라 자기회복적인 과정이라는 사실을 알 수 있다. 이는 물질을 결합하고 물을 증기로 바꾸고 씨앗을 움 틔우고 자라게 하는 바로 그 에너지들을 스스로 조절하도록 도와주는 창조적이고 자기회복적인 과정이며, 궁극적으로는 감성의 로직이 꿈틀거리게 만드는 중요한 동력이다.

물은 언젠가 수증기가 된다.
씨앗은 언젠가 열매가 된다.
마음은 언젠가 현실이 된다.[20]

감성의 로직과 함께 춤추자

감성의 로직은 마음의 텃밭에서 자라고 욕망을 통해 발현된다. 따라서 감성의 로직은 꿈을 주목한다. 꿈을 꾼다는 것은 자기 욕망의 타래를 그저 풀어놓는 것이다. 아무런 방해도 받지 않고 말이다. 그런 의미에서 여기서 말하는 꿈(dream)은 단지 목표(target)가 아니다. 목표에 집착하는 것은 반드시 후회를 낳는다. 그래서 진정한 꿈을 향한 목표는 집착으로 닫혀 있기보다는 희망으로 열려 있어야 한다. 그렇지 않으면 목표는 때로 실패와 좌절을 가져올 뿐만 아니라 거기에서 헤어나오지 못하게 만든다. 그러나 집착으로 닫혀 있지 않고 희망으로 열려 있다면 그 실패와 좌절은 후회를 만들기보다 새로운 도전의 목록을 만든다. 그리고 그것은 한 차원 높은 꿈의 모태가 된다. 그래서 꿈이 있는 한 우리는 늙지 않는다. 지미 카터(Jimmy Carter)의 말처럼 우리가 늙기 시작하는 것은 후회가 꿈을 대신하는 바로 그 순간부터이기 때문이다.[21]

또한 꿈은 단순히 욕구(欲求·needs)의 반영이 아니다. 진정한 꿈은 '생동감을 지닌 욕망'의 응결이다. 자크 라캉(Jacques Lacan)

의 말처럼 "욕구는 충족될 수 있지만 욕망(慾望·desire)은 충족될 수 없다."[22] 먹고 싶은 욕구, 갖고 싶은 욕구, 안고 싶은 욕구, 배설하고 싶은 욕구, 자고 싶은 욕구……. 그 욕구는 잠재울 수 있다. 그러나 욕망은 결코 잠재울 수 없다. 지난 시대의 생산과 노동, 그리고 소비와 분배를 둘러싼 이성의 논리는 바로 그 욕구를 충족시키는 문제에 매달려 있었다. 거창한 이데올로기의 깃발 아래 피흘리고 싸운 것도 따져보면 그 욕구의 충족을 어떤 체제가 좀더 용이하게 할 수 있을 것이냐 하는 유치한 대결에 지나지 않았다. 그러나 이제 더 이상 욕구의 충족만으로는 안 된다. 아니 욕구의 충족이 다 되었기 때문에 다른 생각을 하는 것만도 아니다. 설사 욕구의 충족이 미진하다 해도 새로운 밀레니엄의 시대는 거침없이 질주하는 욕망을 주목한다. 단지 욕구를 채우기 위한 노력은 더 이상 불필요하다. 오히려 자신의 욕망이 거세당하지 않고 생동감 있게 흐르고 있다는 것을 느끼는 것이 더 중요하다.

 결국 욕구는 고착된다. 그러나 욕망은 운동하고 움직인다. 꿈은 생동감을 지닌 욕망이 질주하는 것이다. 생동감을 지닌 욕망이 질주할 때 우리 삶은 기쁘다. 건강하다. 한마디로 신이 난다. 바로 그 기쁨, 그 건강함, 그 신명에서 감성의 로직도 춤을 춘다. 바로 그것이 나를 꿈틀거리게 하고 세상을 변화시킨다. 자! 이제는 감성의 로직과 함께 춤을 추어야 할 때다. 새로 맞은 이 밀레니엄의 시대에…….

미로(迷路)를 탈주하라

'지혜에 이르는 길'이라는 부제가 붙은 자크 아탈리(Jacques Attali)의 책 《미로迷路 Chemins de sagesse》[23]는 우리의 상식을 여지없이 허문다. 그것은 먼저 이 책의 저자 때문이다. 저자인 자크 아탈리는 유럽개발은행 총재를 역임한 인물이다. 1943년생이니까 우리 나이로 쉰여덟이다. 그는 프랑스의 수재형 고급관료들이 대부분 그러하듯이 파리 이공과대학과 국립행정학교를 거쳤다. 특히 나폴레옹에 의해 세워진 파리 이공과대학에서는 1963년도 수석입학의 영예를 안았던 그런 인물이다. 그는 유럽개발은행 총재 외에도 미테랑 전 대통령의 특별보좌관, 집권 사회당의 사무처장 등을 역임한 화려한 정치 경력의 소유자이기도 했다.

그런 그가 몇 해 전 《미로》라는 다소 엉뚱해 보이는 책을 펴낸 것이다. 으레 우리의 상식으론 어느 정치인이 책을 냈다고 하면,

출마를 앞두고 자기 선전용으로 쓴 에세이류가 대부분이고 조금 낫다는 것이 정책 제안이나 다소의 전문적 식견을 과시하는 저술—그것도 과연 필자 자신이 쓴 것인지 아니면 고스트 라이터(ghost writer)가 따로 있는 것인지가 항상 의문시되는—정도였다. 그러나 자크 아탈리의 《미로》는 그 성격이 전혀 다르다. 그것은 정책 제안서도 아니고 판에 박은 에세이류는 더 더욱 아니다. 이미 《정치의 표본》, 《1492년》, 《베르바팀 I, II, III》, 《시간의 역사》 등의 저술을 내놓은 그이지만, 《미로》는 도저히 직업정치인의 것이라고는 믿어지지 않는 문화적 혜안과 통찰을 담고 있었다. '미로'라는 한 가지의 주제를 가지고 문화와 역사를 종횡으로 꿰찰 수 있는 든든하면서도 감각 있는 엘리트를 그들의 정치 일선에 포진시키고 있는 프랑스와 프랑스 사람들에 대해 절로 부러운 생각이 들기까지 했다.

왜 하필 미로일까?

그런데 왜 하필 '미로'일까? 미로가 책 한 권을 써야 할 만큼 중요한 것일까? 태고 이래로 모든 문명에 미로가 존재했다는 이유만으로, 혹은 수천 년 전에 놀랄 만큼 유사한 도형에 입각해서 만든 미로들을 스칸디나비아, 러시아, 인도, 티베트, 그리스 등 세계 도처에서 찾아볼 수 있다는 이유만으로 미로가 의미 있는 것은 아니지 않은가. 또 그리스 신화에서부터 중세 교회의 바닥장식에 이르기까지 동일 유형의 미로를 발견할 수 있다는 것이 뭐 그리 대수인가. 혹은 오늘날의 대도시 뒷골목에서부터 인터넷의 가상공간에 이르기까지 이른바 '활성화된 미로'가 널려 있다고 해서 반드시 미로를 주목해야 할 이유도 없지 않은가.

그렇다면 도대체 아탈리라는 독특한 느낌과 감성을 지닌 엘리트 정치인이 미로를 주목한 이유는 뭘까? 미로는 우연과 의외의 상황이 지배하는 곳이다. 미로에 들어섰다는 것은 때로 위기로 인식될 수도 있다. 그러나 돌아나올 수 없는 미궁(迷宮)과는 달리, 미로는 '탈출 가능한' 것이다. 오늘날 우리가 마주하는 사이버 세계, 곧 웹의 세계는 그 자체가 활성화된 미로이다. 아니 어쩌면 우리가 마주해야 할 미래, 곧 새로운 밀레니엄의 삶 전체가 활성화된 미로인 셈이다. 따라서 "미로에 대한 이해가 머지않아 미래를 살아가는 데 필수적인 요소가 될 것이다"라는 아탈리의 말은 결코 허풍이나 과장일 수 없다. 미로의 생리와 속성을 알아야 그 활성화된 미로에서 탈주할 수 있기 때문이다.

탈주, 도주?

우리의 지식인 사회가, 지금은 세간에서 '죽은 개' 취급을 받고 있는 마르크스주의―물론 마르크스주의는 결코 죽은 개가 아니다―에도 제대로 접근하지 못한 채 기껏해야 종속이론과 프랑크푸르트 비판이론 같은 네오마르크스주의의 변방을 여전히 헤매고 있던 1983~1984년 무렵, 이웃 일본에서는 아사다 아키라(淺田彰)라는 20대 후반의 젊은이가 구조주의도 아닌 포스트구조주의(post-structuralism)에 심취하여 《構造と力》[24](1983)과 《도주론逃走論》[25](1984)이라는 두 권의 책을 선보였던 적이 있다. 특히 그의

《도주론》은 재기발랄하고 경쾌하기 이를 데 없는 글들의 모임터다. '탈주하는 문명'이란 타이틀의 첫 번째 글에서 아키라는 이렇게 말을 시작했다.

"남자들이 도망치기 시작했다."

그리고 그 글의 마지막에서는 이렇게 끝을 맺었다.

"지금이야말로 새로운 탈주를 향해 힘차게 일어설 때다!"

아키라는 우리의 문명이 '탈주하는 문명, 도망치는 문명'이라고 말했다. 그는 정주하는 사람을 대신하여 탈주하는 사람, 도망치는 사람이 등장했음을 확인시켜주고 있었다.

정주하는 사람의 기본은 이렇다. 먼저 가정을 이루고 그곳을 중심으로 영토 확대를 도모하는 동시에 재산을 축적한다. 물론 많으면 많을수록 좋다. 아내를 성적으로 독점하고 자식의 엉덩이를 두드리며 흐뭇해 한다. 그런데 이 정주의 게임은 그만둘 수 없다. 일종의 모노폴리 게임이다. 그만두면 지는 것이다. 그래서 어쩔 수 없이 편집증형 인간, 즉 파라노이아(paranoia)형이 되고 만다. 정주하는 인간=편집증형 인간=파라노이아형 인간은 무엇이든 어떤 형태로든 통합하고 적분하려 든다(integration). "뭉치면 살고 흩어지면 죽는다"가 그들의 가훈이요 좌우명이 된다.

반면에 탈주하는 사람, 도망치는 사람의 기본은 이렇다. 머무르지 않는다. 여하튼 도망치고 본다. 그러기 위해서는 몸이 가벼워야 함은 물론이다. 애초에 가정이라는 중심 자체를 두지 않으려 한다. 끊임없이 탈주할 수 있도록 경계선에 몸을 기댄다. 오직 사태의 민감한 변화를 포착하는 감각과 느낌만을 믿는다. 따라서 항상 '지금 여기'의 상황을 예민하게 살피면서 순간 순간에 모든 것을 거는 도박꾼의 모습이 되곤 한다. 이렇게 되면 이것은 정말 분열증형 인간이라 할 만하다. 즉 스키조프레니아(schizophrenia)형인 것이다. 탈주하는 인간=분열증형 인간=스키조프레니아형 인간은 무엇이든 어떤 형태로든 차이화하고 미분하려 든다(differentiation). 적분하고 통합하며 정주하려는 편집증적 인간은 이제 끝물인 반면 미분하고 차이를 드러내며 탈주하려는 분열증형 인간은 이제 시작이다.

이바시리(網走)의 기억

몇 해 전 여름, 일본열도를 종주할 때 일이다. 일본의 북단 홋카이도(北海道)의 동쪽 끝자락에 위치한 이바시리(網走)라는 곳에서 열차를 내린 적이 있다. '이바시리'라는 지명은 그곳에 탈주불가능하기로 유명한 감옥이 있었기에 유래한 것이라고 한다. 아무리 도망치려 해도 번번이 그물망에 걸려든다는 뜻에서 이바시리, 즉 망주(網走)라는 이름이 붙었다는 것이다. 감옥에 갇힌 사람이 탈주하고 도망치려는 속성은 당연한 것일 게다.

그런데 정작 우리는 어디에서부터 탈주하고 도주한다는 말인가. 여전히 우리는 가정에 매달리고 중심으로의 진입을 위해 골머리를 앓고 있지 않은가. 아탈리가, 아키라가, 그리고 그보다 앞서 유목주의(nomadism)를 제시했던 들뢰즈(Gilles Deleuze)와 가타리(Felix Guattari)가 그럴듯한 이야기로 사기를 치고 있는 것은 아닐까. 다시 아탈리로 돌아가보자. 어차피 미로 같은 이야기니까.

atom@bit

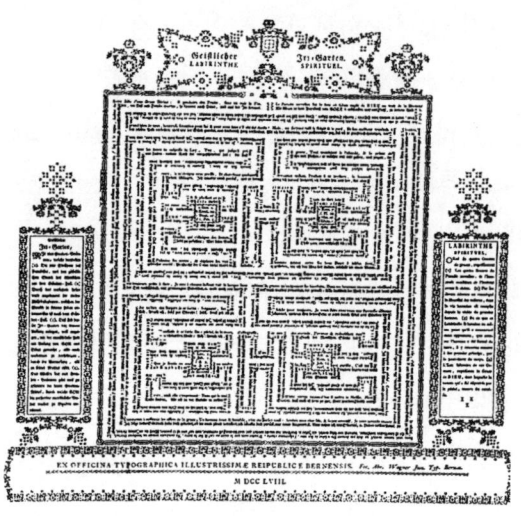

17세기, 독일어와 프랑스어로 구성된 문자 미로.
우리는 모두가 지난 시대의 퇴적물 속에서 미궁화되어버린 미로로부터 탈주를 감행해야 할 도주족이다. 자, 미련없이 탈주하자. 그 미로로부터……

유목민이 정주민으로 바뀌면서 생활 속의 활성화된 미로는 성소(聖所)에 성스런 지표로 둔갑해 자리잡았다. 이집트에서 미로는 영혼이 가는 길을 상징했다. 지중해 주변에서는 제의와 의식을 위한 춤의 길잡이 역할을 했다. 중국이나 아메리카 문화권에서는 자신의 본질을 추구하는 인간의 내적 여행을 상징하게 되었다. 이런 맥락에서 미로는 유목민들이 정주민들에게 전해준 마지막 메시지였는지도 모른다. 그러나 이러한 미로의 감추어진 의미는 이성 혹은 합리성과 함께 직선적인 것과 투명한 것이 득세하게 됨에 따라 장애물 혹은 제거되어야 할 그 무엇이 되어버렸다. 효율성이 강조되는 지난 시대에 미로는 추방되어야 마땅한 것이었다. 생산과 독점, 그리고 효율이 숭상되는 정주의 세계에서 미로란 현혹(眩惑)일 뿐이었다.

그럼에도 불구하고 세계는 점점 활성화된 미로로 회귀해갔다. 산업화되고 근대화된 도시의 미로가 그러했고 컴퓨터를 매개로 한 거미줄 같은 커뮤니케이션 네트워크의 미로가 그러했다. 정주의 세계가 생산과 독점, 그리고 효율을 강조하는 사이에 어쩔 수 없이 필연적으로 활성화된 미로를 다시 만들어낸 셈이다. 그리고 그 '재활성화된 미로'를 쳇바퀴 돌 듯 헤매고 다니는 것이 정주적 삶의 한 과정이 되었다. 그러나 사람들은, 그 정주적 삶의 재활성화된 미로들은 아무리 헤매고 다녀도 빠져나올 수 없는 미궁이라는 것을 느끼기 시작했다. 더 이상 그 헤어나올 수 없는 미궁에 머무를 이유가 없었다. 이제 남은 일은 미련 없이 탈주하는 것, 도망치는 일이다. 그렇다고 반드시 다시 유목민이 되겠다는 것은 아니다. 그저 탈주하고 싶은 것이다. 도망치고 싶을 뿐이다. 이 현실의 미궁 속에서……. 이것이 우리 모두를 경계선에 서게 만들었다.

미궁화된 미로, 활성화된 미로
바로 그 경계선에 서서 새로운 밀레니엄의 시대를 맞이한 우리 모두는 지난 시대의 퇴적물 속에서 미궁화되어버린 미로로부터 탈주를 감행해야 할 도주족이다. 이제 우리는 곧고 투명한 것들에 대한 미련으로부터 자유로워져야 한다. '미궁화된 미로' 속의 현실이 더 이상 그렇지 않기 때문이다. 따라서 그곳으로부터의 탈주를 감행해야 하기에 미로에 대한 근원적 이해가 이 시대를 살

atom@bit

아가는 데 반드시 필요한 것이 되었다. 이제 미로에 대한 생각을 다시 해야 한다. 미로로부터 도망치고 탈주하는 데 필요한 전략을 다시 연구하고 이를 위해 고대의 비밀에 관한 지혜를 다시 구해야 한다. 그러기 위해서 신화와 전승에서 많은 것을 배워야 함도 물론이다.

본래 유목민들에게 미로란 삶의 단면이었고 그 자체로 활성화된 일상이었다. 그들은 미로 속에서의 일상적인 만남을 통해 서로의 존재를 확인했고 미로를 통해 신을 만났으며 미로 안에서 미래로의 길을 예비하곤 했었다. 그러나 유목 생활에서 정주 생활로 옮아오면서 일상 속의 '활성화된 미로'는 신전과 양피지 혹은 점토판 안의 '형상화된 미로'로 남게 되었다. 바로 그 형상화된 고대의 미로에는 유목민들이 정주민들에게 남긴, 신비하게까지 여겨질 만한 메시지가 어떤 형태로든 담겨져 있었다. 그것은 수수께끼의 이미지를 남기면서 수천 년의 세월을 버티어왔었다. 그러나 직선적이며 수리적인 이른바 근대의 이성과 계산합리성은 더 이상 미로의 숨은 의미에 눈을 두거나 귀를 기울이지 않았다. 이제 미로는 폐쇄되어야 할 그 무엇이 되어버렸다. 하지만 근대의 이성과 계산합리성에 기반해 이루어진 생산과 독점, 그리고 효율성의 신화는 다시 활성화된 미로를 도시라는 공간 안에 재생시키고 말았다. 그리고 정주민임을 자부하던 근대인은 그 '재활성화된 미로'―그러나 이미 폐쇄될 운명에 놓여 있던 미로―를 쳇바퀴 돌 듯 헤매어야 했다. 그래서 근대의 재활성화된 미로는 결국 '미궁화된 미로'가 되어버리고 만 것이다. 이제 사람들은 자신이

아톰@비트

미궁 속에 갇혀 있음을 감지했고 이것으로부터의 탈주와 도망을 감행하기에 이르렀다. 그러나 그러기 위해서는 다시 그 미로의 생리와 구조를 알아야 했다. 그래서 우리는 고대인이 남긴 미로의 원형으로 눈을 돌리지 않으면 안 되었는지도 모른다. 그들에게 이 미궁화된 미로를 근원적으로 탈주할 수 있는 지혜를 구해야 했던 것이다.

인터넷, 또 하나의 활성화된 미로

결국 아탈리의 《미로》는 바로 그 미로로부터의 도망을 꿈꾸고 탈주를 감행하도록 자극하는 표식(標識)들의 모음으로 읽힐 수 있다. 그리고 그 미로로부터의 도주를 통해 '미래를 포착하는 능력'을 키울 수 있기를 기대하는 것인지도 모른다. 여하튼 지금도 우리는 미로 속에 있다. 어떤 이는 미궁화된 미로 속에 웅크리고 있고 또 어떤 이는 거기에서 탈주하고 도망쳐나와 새로운 활성화된 미로와 만나고 있기도 한 것 같다.

인터넷은 또 하나의 활성화된 미로이다. 그것이 우리를 또 다른 미궁에 가두어놓을지 아니면 진정한 탈주와 도망을 가능하게 할 것인지는 더 두고볼 일이다. 그러나 일단은 활성화된 미로로서의 인터넷을 자유롭게 서핑(surfing)해보는 것이 좋을 듯하다. 그래야 탈주하고 도망칠 수 있는 틈새 역시 열 수 있을 테니 말이다.

atom@bit

새로운 밀레니엄을 사는 법 :
훼션(fashion)과 패션(passion)의 결합

프로스트(Robert Frost)의 〈가지 않은 길 The Road not taken〉이란 시를 우리는 안다. 거기에는 자기 앞에 놓인 두 갈래 길 위에서 자신이 갈 길을 선택하는 것에 대한 어려움과 고민이 서정적으로 압축되어 있다. 그러나 선택 그 자체가 중요한 것은 아니다. 더 중요한 것은 어떤 선택이냐 하는 것이다. 우리는 스스로를 시대의 흐름에 내맡기려 한다. 그리고 때론 운명론자가 되기도 한다. 나아가 내가 지금 가고 있는 길이 제대로 된 길인지 너무 두려운 나머지 많은 사람들이 지나간 자국이 있는, 밟히고 또 밟혀서 맨땅이 콘크리트 바닥처럼 굳어진 길을 '시대라는 명목' 아래 혹은 '흐름이라는 이름' 아래 좇아간다.

그래서 훼션(fashion)만의 선택, 즉 유행을 따르는 선택은 자칫 스스로를 시대의 휘몰이에 내맡길 가능성이 높다. 반면에 패션

(passion)만의 선택, 즉 자기 열정이 이끄는 대로의 선택은 자칫 자기 열정만을 강조한 나머지 고립될 수도 있다. 그렇다면 훼션과 패션이 결합된 선택일 때, 다시 말해 시대 흐름과 자기 열정이 결합된 것일 때 우리는 진정한 가치 창조의 동력에 힘입어 자갈 길이든 숲길이든 진흙길이든 자신 있게 나아갈 수 있다.

훼션(fashion), 시대의 욕망을 읽는다

시대를 거역할 수 있는 사람은 없다. 그래서 누구나 시대를 좇는다. 그러나 단지 시대를 좇는 것만으로는 부족하다. 어쩌면 자기 자신이 바로 자신의 시대임을 인식하는 것이 더 중요하고 필요하다. 그것 없이 시대를 좇는 것은 무의미할 뿐만 아니라 허망하기까지 하다.

시대를 좇는다는 의미는 훼션을 지향한다는 뜻일 게다. 그러나 시대를 좇는다고 해서 모두 훼션은 아니다. 진정한 훼션은 시대를 읽어낸다. 시대의 욕망을 읽으면서 좇아간다. 시대를 제대로 읽어내지도 못한 채 그대로 좇아가는 시늉만을 하는 것은 결코 훼션이 아니다. 그것은 한낱 '바람'일 뿐이다. 시대를 읽어내며 좇아가고 동시에 나 자신이 바로 자신의 시대임을 인식하는 것, 그래서 자신의 시대를 위해 젖먹던 힘까지 뽑아낼 수 있는 열정, 바로 그것이 패션(passion)이다. 물론 이 두 가지는 결코 별개의 문제일 수 없다.

패션(passion), 부단히 몸부림치는 '열린 지속'

훼션(fashion)은 시장이다. 훼션은 시장에서 춤을 춘다. 모든 훼션에는, 많고 적음의 차이는 있겠지만 어느 정도의 사기성(?)이 있게 마련이다. 그러나 그것이 있기에 시장은 운동한다. 훼션은 시장(市場)이라는 장(臟)운동이 있기 위해서 반드시 요구되는 유산균과 같다. 하지만 훼션만으로는 안 된다. 훼션을 통해 바람 휘몰이를 할 수는 있지만 그것이 곧장 가치를 창출하지는 못한다. 진정한 가치를 창출하기 위해서는 훼션이 패션과 결합해야 한다.

영화〈시네마 천국〉의 주인공 토토가 까치발을 하고 필름이라는 창(窓)을 통해 세상을 보려 애쓰던 그 모습이 바로 패션(passion), 곧 열정이다. 고(故) 문익환 선생이 친구 장준하의 주검을 등에 짊어지고서 안온한 대학 연구실을 뛰쳐나와 역사의 격랑에서 죽을 때까지 통일운동에 나선 그것 역시 패션이었다.

패션, 곧 열정은 때로 고집스럽게 보인다. 그래서 어떤 때는 매우 폐쇄적이고 고립된 것처럼 보여지기도 한다. 하지만 패션이 고집과 고립에 그친다면 그것은 진정한 패션일 수 없다. 그저 오기 정도일 따름이다. 진정한 패션은 고집이나 고립이기보다는 '열린 지속'이다. 자신의 오류를 인정하고 그것에 수정할 뜻을 열어둔 채 부단히 자신을 몸부림치게 만드는 바로 그 열린 지속이 다름 아닌 패션, 곧 열정이다.

새로운 밀레니엄을 사는 법 : 훼션과 패션의 결합

패션(passion) 없는 훼션(fashion)은 경망하다. 반면에 훼션

영화 〈시네마 천국〉의 주인공 토토가 까치발을 하고 필름이라는 창을 통해 세상을 보려 애쓰던 그 모습은 패션, 바로 열정이었다. 새로운 밀레니엄을 살아가기 위해서는 훼션만이 아니라 그에 걸맞는 패션이 있어야만 한다. 이 두 가지를 결합시켜낼 수 있는 사람들이 밀레니엄 컬처를 이끈다.

(fashion) 없는 패션(passion)은 자칫 고루하기 쉽다. 결국 훼션과 패션이 결합할 때, 진정한 가치는 창출된다. 새로운 밀레니엄 시대의 가치 창출자들은 그가 관심 갖는 영역이 무엇이든지 간에 훼션과 패션을 결합시켜내는 능력이 있어야 한다. 이 두 가지를 결합시켜낼 때 비로소 진정으로 새로운 가치가 창출되기 때문이다. 훼션과 패션의 결합, 이것이야말로 새로운 밀레니엄 시대를 사는 우리가 함께 생각해야 할 가장 근본적인 화두 중의 하나임에 틀림없다.

밀레니엄 드림, 밀레니엄 프론티어, 밀레니엄 프로젝트, 밀레니엄 스페셜, 밀레니엄 베이비, 밀레니엄 마케팅, 밀레니엄 비즈니스……. 밀레니엄의 레토릭이 넘실대고 있다. 그리고 이것이 하나의 훼션을 이루고 있다. 그러나 밀레니엄 훼션이 곧 밀레니엄 밸류(value)를 의미하지는 않는다. 밀레니엄 밸류가 형성되기 위해서는 밀레니엄 훼션이 밀레니엄 패션과 결합하지 않으면 안 된다. 이때 밀레니엄 패션이란 세기말적 영감과 새 천년적 비전이 합쳐진 감응력 넘치는 열린 지속으로서의 열정을 말한다. 바로 그 밀레니엄 패션이 밀레니엄 훼션과 결합해서 만들어내는 밀레니엄 밸류야말로 밀레니엄 컬처의 형성 동력이 된다.

새로운 밀레니엄을 살아가기 위해서는 훼션만이 아니라 그에 걸맞는 패션이 있어야만 한다. 새로운 밀레니엄 시대는 훼션과 패션이 좀더 확장적으로 결합하기를 요구하는 시대이다. 그리고 훼션과 패션을 결합시켜낼 수 있는 사람은 애써 시대만을 좇기보다는 자기 자신이 바로 자신의 시대임을 인식하는 것에서 출발할 줄 아는 사람이다. 바로 그런 사람이 밀레니엄 밸류, 곧 새 천년의 가치를 창출한다. 그리고 밀레니엄 컬처를 이끈다.

열려 있는 것이 이긴다

언젠가 우편으로 받은 〈내셔널 지오그래픽 *National Geographic*〉지에는 밀레니엄 시리즈의 하나로 〈왜 탐험하는가? *Why Explore?*〉라는 글과 함께 '탐험가들(The Explorers)'이라는 제목의 전지 반 장 크기로 된 지도가 첨부되어 있었다.[26] 거기에는 세계지도를 배경으로 모두 32명의 탐험가들의 초상과 간략한 탐험 경위가 소개되어 있었다. 그들은 인류의 역사를 탐험과 발견의 역사로 펼쳐온 주인공들이었다. 탐험과 발견, 그것은 인류로 하여금 세계를 향해 열려 있도록 자극하는 원초적 동력이었다. 그런데 이들 32명의 탐험가들 중 동양인은 단 두 명뿐이었다. 그나마 한 명은 이븐 바투타(Ibn Battuta)라는 아랍인이었고, 우리와 얼굴색이 엇비슷한 사람 가운데서는 정화(鄭和·Cheng Ho, 1371~1435)가 유일했다.

atom@bit

〈내셔널 지오그래픽〉이 동양의 거의 유일한 탐험가로 주목한 정화라는 인물은 명대(明代)의 환관이자 항해가였다. 회족(回族) 출신이며 본래 성은 마(馬)씨였다고 한다. 그가 이끄는 함대가 복건성(福建省)의 오호문(五虎門)항을 떠나 동북계절풍을 타고서 위풍당당하게 항해를 시작한 것은 1405년이었다. 그 후 그가 이끄는 3백 척의 배와 2만 8천여 명의 선원들로 구성된 인류 역사상 보기 드문 초대형 함대는 1433년까지 28년 동안 동남아시아는 물론 인도양을 가로질러 아랍과 동아프리카 해안에까지 다다랐으며, 유럽 접경에만도 일곱 차례나 다녀왔을 정도로 활발히 움직였다. 사실상 정화의 함대는 15세기 당시의 전세계를 통틀어 대적할 만한 적을 찾을 수 없었던 참으로 방대하고 막강한 함대였다.[27] 콜럼버스(Christopher Columbus, 1451~1506)가 1492년에 세 척의 배와 90여 명의 선원을 데리고 항해에 나섰던 것에 비하면 정화의 함대 규모가 어느 정도였는지 상상이 갈 것이다. 그런 15세기의 중국은 세계에서 가장 강력한 나라였음에 틀림없었다. 열려 있었기 때문이다.

　그런데 과연 정화의 함대는 30여 년 가까운 항해와 탐험 기간 동안 무엇을 한 것일까? 그것은 전적으로 정치적인 선전을 위한 항해였다. 즉, 항해를 통해서 해외 여러 나라들에게 중국의 천자(天子), 곧 명(明)의 황제가 최고종주권을 갖는다는 것을 알리고자 했던 것이 항해 목적의 전부였다. 한마디로 중화중심사상의 전파가 유일한 목적이었던 셈이다. 어쩌면 세계 최강을 자랑하던 15세기의 중국으로서는 당연한 발상이었는지 모른다.

아톰@비트

척계광과 만리장성

그러나 정화의 30년 대항해로 중국의 중화중심주의(中華中心主義)가 모두 전파되었다고 생각했던 것인지 그 후 중국은 더 이상 바다로 나가지 않았다. 그리고 스스로를 닫아버렸다. 폐쇄주의로 치달았던 것이다. 정화의 30년 대항해로 상징되는 '열린 중국'의 개방주의가 폐쇄주의로 전환되고 나서 약 1백 년 후 만리장성(萬里長城)이 중수(重修)되었다. 그것은 '닫힌 중국'을 상징하는 결정적인 사건이었다. 오늘날 우리가 보는 북경 교외 고북구(古北口)의 웅장한 만리장성은 진시황이 쌓았던 본래의 장성이 아니라 명나라 시절에 군사전략가였던 척계광(戚繼光, 1528~1587)이 십수 년에 걸쳐 진두 지휘하며 재수축한 것이다.

명나라의 만리장성은 진시황이 쌓았던 본래의 만리장성으로부터 천 리나 뒤로 물러나 중수·축조되었다. 진시황의 만리장성이 실제로 흉노의 침입을 막았던 것과는 달리, 명나라의 만리장성은

만리장성은 강성함과 위대함의 상징처럼 여겨지지만 실은 거대한 폐쇄와 패배의 상징일 뿐이다.

결과적으로 명조의 온 힘을 다 소모시키고, 당시 흥기하던 만주족의 중원 침략조차 막지 못했다. 당대의 영웅 누루하치가 백산(白山)과 흑수(黑水) 사이에서 궐기하여 군사를 이끌고 남하하였을 때, 그는 새로이 수축된 유려하고 장대한 장성을 우회하여 중원으로 나아갔던 것이다. 마치 2차대전 개전 초기에 프랑스가 자랑하던 '마지노선'이 독일군의 우회 작전 속에서 유명무실화되었던 것처럼 말이다.

후세의 중국 사람들에게 '달에서조차 볼 수 있는 유일한 인공물'이라는 자부심을 갖게 하고, 중국을 방문하는 전세계 사람들에게 중국의 강성함과 위대함의 상징처럼 각인되고 있는 만리장성이 실은 거대한 폐쇄와 패배의 상징일 뿐이라는 역설 앞에서 우리는 혼란스럽기까지 하다. 그리고 그 폐쇄주의는 등소평의 개혁개방이 천명되기 전, 즉 문화혁명 시기까지 계속되었다. 그래서 문혁 기간 중에 이른바 강청, 요문원, 왕홍문, 장춘교 등 4인방은 "배를 사는 것도 매판·매국주의"라고 목청 돋우어 외쳤던 것이다.

아무 일도 없었던 해

1497년, 바스코 다 가마(Vasco da Gama, 1469~1524)의 지휘 아래 네 척의 작은 범선이 돈과 시장 개척을 위해 인도양으로 들어섰다. 정화의 해외 원정이 있은 지 약 1백 년 후의 일이었다. 그 때는 이미 정화의 함대가 태평양과 인도양에서 종적을 감춘 지 오래된 뒤였다. 이제 유럽인들은 그 누구의 방해도 받지 않고 이른바 지리상의 대발견시대를 독주하게 되었던 것이다. 그로부터 다시 채 1백 년이 못 되어 에스파냐 무적함대와 엘리자베스 1세의 영국 해군이 새롭게 열린 공간인 대서양에서 충돌하였다. 1587년의 일이었다. 르네상스 시대의 외교제도와 특히 영국-에스파냐 관계사에 관하여 세계적인 대가였던 고(故) 개럿 매팅리(Garrett Mattingly) 교수는 《에스파냐 무적함대의 패배 The Defeat of the Spanish Armada》라는 저작[28]에서 영국과 에스파냐 간의 대서양 제해권을 둘러싼 해전을 감칠맛나게 묘사하고 있다. 결국 '아르마다'라는 에스파냐의 무적함대는 영국 해군에게 제해권을 넘겨주게 된다. '해가 지지 않는 대영제국'의 신화 아닌 현실이 대서양의 열린 공간 위에서 펼쳐지기 시작한 것이다. 그리고 '열려 있다는 것이 곧 힘'임을 역사는 입증해주었다.

한편 아르마다 해전이 전개될 즈음, 지구 반대편의 중국 명나라는 겉으로 보기에는 너무나 평온했다. 그래서 명대 연구의 대가인 레이 황(Ray Huang)은 《1587년, 아무 일도 없었던 해 1587, A Year of No Significance》[29]라는 책 제목을 생각했는지도 모른다. 그러나 바로 그때, 다시 말해 척계광에 의해 만리장성이 중수되던 그때에 명나라는 무너지고 있었다. 형식적으로는 1644년까지 지탱되었으나 16세기 말경부터 이미 국가로서의 기능은 거의 상실했던 것이다. 그리고 역사는 '닫혀 있다는 것은 곧 쇠퇴'임을 웅변해주었다.

atom@bit

113

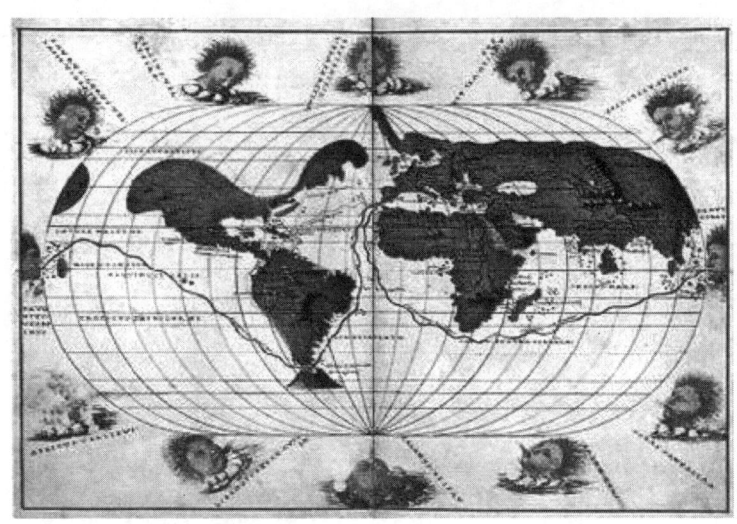

마젤란—세계일주항해도, 파리 국립도서관 소장.
새로운 밀레니엄 세계에는 항로도 지도도 없다. 그저 열려 있을 뿐이다.

항로도 지도도 없는 새로운 밀레니엄의 세계를 향하여

우리 역시 1백 년 전 쇄국(鎖國)이 얼마나 처절한 결과를 초래했는지를 뼈저리게 경험했다. 쇄국과 그에 뒤이은 허둥댄 개화, 그리고 식민지화와 분단의 질곡으로 이어져온 우리의 근대 1백 년 역시 제때 열리지 못하고 닫혀 있었기 때문에 지불해야 했던 혹독한 시련의 시대였다.

이제 우리는 세계무역기구(WTO) 체제 아래 살도록 요구받은 지 오래이고 냉혹한 글로벌 마켓에서의 경쟁을 피할 수도 없게 되었다. 더구나 IMF를 겪으면서 안으로 고착된 우리의 체질을 송두리째 바꿀 것을 강요당하다시피 했음도 사실이다. 그러나 무엇보다도 우리는 5백여 년 전 콜럼버스와 바스코 다 가마, 그리고 마젤란이 미지의 바다를 향해 나아갔던 것처럼 이제 사이버의 세계, 디지털의 바다를 거쳐 새로운 밀레니엄의 대양을 향해 출항하지 않으면 안 된다. 거기에는 항로도 지도도 없다.

과연 누가 밀레니엄 시대의 새로운 항로와 새로운 대륙을 발견할 것인가? 누가 이 디지털의 바다에서 제해권을 가질 것인가? 아직 아무것도 결정되지 않았다. 그러나 이미 게임은 시작되었다.

atom@bit

있음의 발견, 없음의 발견, 그리고 느낌의 발견

인류의 역사는 '발견의 역사'였다.[30] 그리스 신화에서는 프로메테우스가 인류에게 불을 가져다주었다고 하지만, 여하튼 인류는 '불'을 발견하면서 급속히 전진할 수 있었다. 그 후 인류는 15~16세기에 걸쳐 지리상의 대발견시대를 열었다. 그런가 하면 17~19세기에는 과학적 발견의 시대를 구가해왔다.

일반적으로 발견이라고 하면 '있음의 발견'을 뜻한다. 즉, 감추어져 있거나 숨겨져 있던 혹은 아직 드러나지 않았던 것을 발견해내는 일을 말한다. 그런데 역으로 '없음의 발견'을 시도한 사람들이 인류 역사에는 적지 않았다. 그리고 그 '없음의 발견'은 때로 '있음의 발견'보다 훨씬 중대한 영향을 끼친 경우가 많았다.

제임스 쿡(James Cook, 1728~1779) 선장은 긴 항해를 통해 전설의 대륙이 실재하지 않음을 입증했다. '없음의 발견'을 해낸 셈이다. 그러나 쿡 선장은 발견의 연대기에서 적절한 대우를 받지 못했다. 이것은 없음을 발견하는 부정적 발견자들의 공통된 운명인지 모른다. 그는 1772년 7월에 잉글랜드를 떠나 만 3년이 지난 1775년 7월이 되어서야 돌아왔다. 레볼루션호(462톤)와 어드벤처호(340톤)라는 이름의 새로 건조한 휘트비 석탄선 두 척을 끌고 희망봉까지 내려갔고, 거기서 희망봉을 돌아 남위 71도 10분까지 내려갔으며, 이어 남극지역의 태평양 남단 가장자리 전체를 가로질러 대서양으로 들어가서 다시 희망봉을 거쳐 잉글랜드로 돌아왔다. 쿡 선장은 7만 마일 이상을 항해했다. 그때까지 사람들은 지구 남쪽에 큰 땅덩어리가 있다고 생각했다. 사람들은 지구가 운동할 때 어느 한 쪽으로 쏠리지 않으려면 북반구의 유라시아 대륙처럼 거대한 땅 덩어리가 남반구에도 있어 균형이 맞아야만 된다고 생각했던 것이다.[31] 그러나 이 항해를 통해 그는 전설적인 대남대륙(大南大陸)이 존재하지 않는다는 것을 입증했다. 그는 '없음을 발견'한 셈이었다. 그리고 남극대륙의 얼음만큼이나 두껍게 덮여 있던 오랜 통념—대남대륙이라는 전설의 땅은 남극에서부터 동남아시아까지 뻗어 있어 인도양을 호수로 만들 정도이다. 그래서 프톨레마이어스의 《지리》에서는 인도양이 닫힌 호수로 그려져 있었다—이 사실은 근거없는 것임을 확인했던 것이다.

'없음의 발견' 혹은 '부정의 발견'

과학사를 꿰뚫으며 과학사 전개의 법칙을 해명한 토머스 쿤의 《과학혁명의 구조 The Structure of Scientific Revolution》 역시 패러다임에 위배되는 이상 사례가 '없음을 발견'하는 것이 곧 과학이라고 정의하고 있는 셈이었다. 이런 '없음의 발견'에서 한 걸음 더 나아가 '부정(否定)의 발견'이라고 해야 할 것들이 있음도 주목할 만하다. 캘리포니아 버클리대학의 천문학 및 물리학 교수인 마크 데이비스(Mark Davis)가 지난 4백여 년 간의 우주학의 발견 결과를 다음과 같이 요약한 것은 이런 맥락에서 타당한 일이었다.[32]

> 지구는 우주의 중심이 아니다.
> 태양은 우주의 중심이 아니다.
> 은하계는 우주의 중심이 아니다.
> 우리가 알고 있는 물질 유형은 우주의 지배적 성분이 아니다.
> 우리가 알고 있는 우주는 결코 유일한 우주가 아니다.
> 우리가 알고 있는 물리학은 결코 유일한 물리학이 아니다.

1543년 코페르니쿠스(Nicolaus Copernicus, 1473~1543)라는 한 사나이가 '수학의 전문가를 위하여'라는 부제가 붙은 《천체의 회전에 관하여》라는 문헌을 남기고 저 세상 사람이 되었다. 대학에서 의학을 공부한 후 수학과 천문학, 그리고 신학을 공부했던 코페르니쿠스는 지구를 중심으로 태양과 달이 돌고 있는 것이 아니라 그 반대로 태양을 중심으로 지구와 달이 돌고 있음을 간파했다. 이른바 지동설(地動說)의 발견으로 시작된 코페르니쿠스의 전회(轉回)는 천동설(天動說)의 근거가 '없음을 발견'한 데 그 핵심이 있었다. 당시는 망원경이 발명되기 전이었기에 그의 주장은 실증되지 못했지만 중세 사회를 뒤흔드는 진원지 중의 하나가 되었음은 물론이다.

그런데 코페르니쿠스의 주장에 대해 당시 종교개혁의 기치를 내걸었던 마틴 루터(Martin Luther)는 성서에 위배되는 주장이라고 비판하며 반발했던 반면, 교황 클레멘스 7세(Clemens VII)는 코페르니쿠스의 학설을 지지하고 그것을 출간하도록 권유하기까지 했다. 지구를 자신의 편견으로부터 일깨우는 최초의 저작이었던 《천체의 회전에 관하여》는 이런 배경 속에서 나오게 되었다. 그런데 공교롭게도 그 책이 출간되는 날 코페르니쿠스는 세상을 떠났다.

코페르니쿠스 사후 20년이 채 안 되어 이탈리아 피사의 상인 집안에서 태어난 갈릴레오 갈릴레이(Galileo Galilei, 1564~1642)는 천체망원경을 발명해 천체가 지구가 아닌 태양을 중심으로 돌고 있음을 실증했다. 지동설의 은근한 후원자였던 교황 클레멘스 7세가 죽은 이후였기에 갈릴레이의 지동설은 보호받지 못하고 종교재판에 회부되었다. 1633년의 일이었다. 그는 재판정에서 지동설을 부인하여 사형을 모면했지만, 풀려난 후 양쪽 눈이 멀어버리는 인간적·신체적 고통을 겪다가 "그래도 지구는 돈다"라는 한마디를 남기고 78세에 세상을 뜬다.

이태백과 닐 암스트롱

나는 남산길을 즐겨 걷는다. 장충동 국립극장에서 출발하여 궁도장 앞을 지나 옛 안기부 뒷길을 휘감아돌고 제갈량을 모신 사

atom@bit

당 앞을 거쳐 조지훈 선생의 시비 앞을 반환점으로 해서 돌아오는 약 7km 근 20리 길을 거의 매일 걷는다. 조금 빠른 걸음으로 걸으면 한 시간 십오 분 정도 걸리고 좀 천천히 걷노라면 한 시간 반 정도가 걸린다. 비록 흙길은 아니지만 차가 다니지 않아서 마음놓고 걷기에 좋고 철마다 다른 정취를 느끼게 해서 더욱 좋다. 예전에는 주로 아침에 걸었지만 요즘에는 주로 한밤중에 걷곤 한다.

지난 밤에도 11시가 훨씬 넘은 시각에 이런저런 생각을 하며 그 길을 걷고 있었다. 드문드문 서 있는 가로등불 아래 그윽한 숲의 존재가 때로 위엄 있게 재확인되고 한껏 조명을 받은 남산타워는 때로 촌스럽게 여겨지기도 했지만 그런대로 친근하게 다가왔다. 그런데 어제는 여기에 더해서 유난히도 달빛이 그윽했다. 며칠 전 보았던 달은 한 입 베어 물고 남은 것 같은 모습이었는데 며칠 사이에 둥근달이 되어 있는 것을 보면서 태양력보다 태음력이 훨씬 더 가시적이고 비주얼하다는 생각마저 들었다. 사실 태양력이야 낮의 길고 짧음 정도만이 느껴질 뿐 태양 자체는 늘 변함없는 것처럼 보이는 반면에, 태음력은 달의 모양 자체가 변화하는 것을 직접 눈으로 확인할 수 있기 때문에 가시적이고 아주 비주얼한 역법임에 틀림없다. 그런 까닭에 인류 역사를 살펴볼 때 태양력보다는 태음력을 주로 사용했던 사회가 더 많았는지도 모른다.

여하튼 그 달빛에 취해 한참 동안 달을 바라보며 걸었다. 영롱한 달빛에 빨려들어가는 느낌이었다. 술잔에 담긴 달을 한 잔 한 잔 삼키고, 마침내 물 위에 비친 달을 손에 쥐려다 빠져 죽었다는

아폴로 계획을 TV중계했던 한 앵커는 이렇게 술회했다.
"우리가 왜 달에 갔나구요? 그건 사진을 찍기 위해서 였죠. 지구의 사진을 말입니다."
그렇다. 우리가 달에 간 이유는 지구를 보기 위해서 였다. 그러나 우리는 여전히 지구의 편견에 갇혀 있다.

    시선(詩仙) 이태백의 일화가 생각나는 밤이었고 계수나무 한 그루와 옥토끼 두 마리가 살고 있다는 동요 가사가 진실처럼 다가온 밤이기도 했다.

    잠시 이야기를 30여 년 전으로 돌려보자. 코페르니쿠스의 지동설이 제기된 때로부터 5백여 년이란 세월이 지난 1969년 7월 16일, 내가 초등학교 1학년일 때 아폴로 11호가 달을 향해 발사되었다. 그로부터 나흘 뒤인 7월 20일 닐 암스트롱(Neil Alden Armstrong)과 에드윈 올드린(Edwin E. Oldrin)이 달 표면에 내려 섰다.

"이것은 한 인간에게는 작은 한 걸음이지만, 전인류에게는 위대한 도약이다"라는 그 유명한 메시지가 달에서 지구로 보내졌고, 전세계 인구의 1/6이 텔레비전으로 이 장면을 지켜보았다. 나 역시 그 1/6에 포함되어 흑백 텔레비전으로나마 그 광경을 볼 수 있었다. 그 후, 1972년 12월의 아폴로 17호까지 모두 6기 12인의 미국 우주비행사가 달을 밟았다.

그러나 인간이 달에 발을 디디고 서서 그곳에는 물도 생명체도 없으며 계수나무와 옥토끼는 더더욱 없음을 발견한 그 순간에도 인간이 지난 수만 수천 년의 세월 동안 달에게 보냈던 동경(憧憬)과 애잔한 감상은 결코 일순간에 사라지거나 무너지지 않았다. 시선(詩仙) 이태백의 마음은 우리들의 감성 속에 여전히 살아 숨쉬고 있기 때문이다.

'없음의 발견'·'부정의 발견'에서 '느낌의 발견'·'감성의 발견'으로

세 번째 맞이한 밀레니엄 시대에도 우리는 이른바 '발견의 행진'을 계속해갈 것이다. 그리고 그 중에는 '있음의 발견'보다 '없음의 발견'이 더 많을런지도 모른다. 화성에도 금성에도 생명체는 없다는 식의 없음의 발견 말이다. 또한 '긍정의 발견'보다는 여전히 논리와 이성을 앞세워 "~이 아니다"라는 식의 '부정의 발견'을 더 많이 할런지도 모른다. 아마도 그것이 이른바 계산합리성에 근거한 근대과학의 속성이리라. 그러나 새로운 밀레니엄 시대에 없음의 발견과 부정의 발견들은 느낌의 발견과 감성의 발견으로 그 중심축을 옮기지 않으면 안 된다.

아톰@비트

그동안 인류는 르네상스, 종교개혁과 함께 근대의 세계상을 열었던 5백여 년 전의 지리상의 대발견시대를 통해 '있음의 발견'에 집착했었다. 그리고 그 후 이른바 이성의 시대, 과학의 시대를 거치면서는 '없음의 발견' 혹은 '부정의 발견'을 통해 의심하고 회의하는 근대를 획정지어왔다. 그러나 이제 새로운 세기를 맞고 세 번째 밀레니엄을 맞이하면서 우리가 행해야 할 발견은 있음과 없음의 차원을 넘어서서 느낌 혹은 감성의 신대륙을 발견하는 일이 될 것이다.

이제 새로운 밀레니엄 시대를 구가하기 위해서는 느낌의 발견, 감성의 발견을 주목해야 한다. 그런 의미에서 이태백의 시흥(詩興)을 다시 느낄 수 있는 것이 중요하다. 세 번째 맞는 밀레니엄 시대에는 그것이 달을 정복했노라는 암스트롱의 인류도약론보다 훨씬 더 중요한 의미를 던져줄 것이기 때문이다.

사람이 미디어다, 미디어가 느낀다

　밀레니엄이란 말이 풍미하고 있다. '밀레니엄 프론티어', '밀레니엄 드림' 등 밀레니엄이란 말이 우리의 일상으로 고개를 들이민지 오래이다. 밀레니엄은 여러 각도에서 조망할 수 있다. 종교론, 종말론, 문화론, 문명론 등. 그러나 좀더 실제적인 변화의 측면에서 볼 때, 세 번째 맞는 밀레니엄의 변화를 주도하고 이끌 것은 역시 디지털화되고 네트워크화된 멀티미디어이다. 그리고 오늘 우리로 하여금 멀티미디어에 관심 갖도록 추동하는 힘은 다름아닌 '커뮤니케이션 중심의제(中心議題) 시대' [33]라고 말해야 옳을 이 시대의 역동성 그 자체이다. 이른바 '커뮤니케이션 중심의제 시대'의 한복판에서 멀티미디어의 가속적이고 팽창적인 전개가 자리잡고 있기 때문이다. 결국 우리가 멀티미디어에 대해 관심을 갖는 이유는 이미 도래한 '커뮤니케이션이 중심되는 세상'으로부터 소외되거나 낙오되지 않고 이에 대해 나름의 통찰력을 갖고 살아가기 위함일 것이다. 따라서 세 번째 맞는 밀레니엄 시대는 '밀레니엄-멀티미디어 시대(M-M Age · Millennium-Multimedia Age)'라고 불리워져야 마땅할 것이다.

멀티미디어, 인간의 감각에 접근하는 미디어

그렇다면 멀티미디어란 무엇인가? 그것은 한마디로 '인간의 감각에 접근하는 미디어'이다. 멀티미디어에 대한 기존의 접근 방법은 기계적 · 기능적 · 공학적 · 경제적인 것이 대부분이었다. 그래서 그에 대한 정의도 '사운드 · 이미지 · 텍스트 · 데이터 등이 컴퓨터를 매개로 하여 통합적으로 처리되는 미디어'라고 다소 경직되게 풀이되어왔다. 그러나 멀티미디어라는 것은 대단히 복잡한 것처럼 들리지만 실은 네그로폰테가 적절히 말했듯이 '비트(bit)를 섞어놓은 것'에 불과하다.[34] 오디오 · 비디오 · 데이터의 비트들을 혼합한 것이 멀티미디어라는 풀이다. 하지만 이것도 왠지 어렵다. '비트'를 섞다니······. 그래서 나는 멀티미디어를 인간의 감각, 즉 오감과 육감의 세계에 접근해가는 미디어, 다시 말해서 보고, 듣고, 말하고, 냄새 맡고, 맛보고, 느끼는 다면체적 감각에 접근해가는 미디어라고 말하는 것이다.

인간은 멀티미디어 복합체다

호모 사피엔스라고 명명되는 생물학적 인간은 그 자체로 멀티미디어 복합체(multimedia complex)이다. 그것의 생존은 생체적 ·

기질적 감각 및 감성 능력의 총동원 없이는 불가능하다. 보고, 듣고, 말하고, 냄새 맡고, 맛보고, 느끼는 감각상의 운동은 물론, 외부로부터 틈입하는 위기와 변화에 대한 감성적 적응과 대처 과정에서도 인간의 멀티미디어적 속성과 기제는 유감없이 발휘되고 있으며, 이것이 생명현상의 지속을 가능하게 한다. 사실상 우리가 이제까지 경험했던 모든 멀티미디어의 양태는 '멀티미디어 복합체로서의 인간' 자신이 보유하고 있는 메커니즘과 네트워크의 초보적 아류에 불과했다. 따라서 앞으로 멀티미디어가 나아갈 방향 역시 멀티미디어 복합체로서의 인간과 그 세계를 뛰어넘지 못할 것이다. 결국 우리는 인간이라는 멀티미디어의 원형을 철저히 이해하는 가운데, 우리가 때로 경이로워 마지 않는 멀티미디어의 세계를 좀더 근본적으로 또 전향적으로 이해하고 접근할 수 있게 될 것이다.

이런 맥락에서 인간에 대한 관심과 깊은 이해야말로 멀티미디어 이해의 첩경이자 왕도임을 잊지 말아야 한다. 따라서 나는 인간적·환경적·원형적 접근을 통해 멀티미디어 세계로 다가가고자 하는 것이다. 이를 좀더 총괄적으로 말하자면 '문화적 접근'이라고도 할 수 있다.

인간의 감각능력과 멀티미디어

맥루한(Herbert Marshall McLuhan)은 미디어를 가리켜 인간의 확장(extension of man)이라고 보았다.[35] 그에 따르면, "모든 미디어는 인간이 지닌 재능의 심리적 또는 물리적 확장"이라는 것이

인간은 가장 강력하고 우수한 멀티미디어이다. 멀티미디어를 좀더 근본적으로 이해하고 나아가 그것을 더욱 미래적으로 디자인하기 위해서는 원초적으로 멀티미디어 복합체인 인간과 그 세계에 대해 정통해야 한다. 멀티미디어의 세계는 인간과 그 문화가 세상을 향해 열려 있는 만큼 우리 앞에 열려 있다. 이제 멀티미디어는 인간에게 다가가는 또 하나의 문이다.

다.[36)] 맥루한은 인간의 감각상의 한계를 극복하고 이를 확장하기 위해 대체적 매개물이 필요했다고 보았다. 그리고 그 필요를 미디어의 세계가 충족시켰다고 본 것이다. 이를테면 눈의 확장으로서 신문이, 귀의 확장으로서 라디오가, 눈과 귀의 복합적 확장으로서 텔레비전이, 그리고 발의 확장으로서 자동차가 나타났다는 식이었다. 그러나 이러한 미디어들은 하나 혹은 둘의 감각능력의 확장에 불과한 것이었다. 즉, 하나의 감각능력을 확장시킨 미디어가 다른 감각능력을 확장시키는 기능을 다중적으로 겸비할 수는 없었다. 결국 모노미디어(monomedia)에 그쳤던 셈이다. 하지만 본래 인간의 감각능력은 그것보다 훨씬 다양하고 입체적이지 않은가?

결국 인간 자신에게는 통합되어 있던 감각의 총체가 인간의 확장으로서의 미디어에서는 특정한 감각능력만을 담보하는 것으로 분화되었던 것이다. 이것은 결과적으로 복잡한 세계의 구성적 본질을 총괄적으로 느끼고 이해하는 능력을 오히려 감소시키고 인간의 세계에 대한 인식 자체를 왜곡시키기에 이르렀다. 즉, 특정한 감각능력에 의존하는 모노미디어는 인간 본래의 총체적인 감각능력을 제한적으로 강화시킴으로써 인간의 감각능력이 갖는 총괄적 균형을 허물어버린 것이다. 멀티미디어는 바로 이처럼 균형을 상실해버린 인간의 감각능력을 다시 되살릴 수 있는 방향으로 나아가야 한다.

멀티미디어는 인간을 향해 열려 있다

거듭 강조하지만 인간은 단순한 모노미디어가 아니라 가장 강력하고 우수한 멀티미디어이다. 인간은 두뇌라는 초용량 컴퓨터에 의해 보고, 듣고, 말하고, 냄새 맡고, 맛보고, 느끼는 다면체적 감각을 소유한 미디어, 곧 가장 원초적이면서 가장 강력하고 우수한 멀티미디어 복합체이다. 이 점을 주목하는 것이 멀티미디어 세계의 비밀을 푸는 데 중요한 열쇠가 된다. 인간은 이(耳)·목(目)·구(口)·비(鼻)·미(味)·후(喉) 등의 다양한 감각능력을 지니고 있고 이것을 복합처리하여 표출하고 표현할 수 있는 능력의 소유자이다. 그것은 마치 사운드·이미지·텍스트·데이터 등이 컴퓨터를 매개로 하여 통합적으로 처리되는 멀티미디어의 기능적 양태와 닮은 꼴일 뿐만 아니라 사실상 그 시원적(始原的) 모태인 셈이다. 따라서 멀티미디어란 단지 '사운드·이미지·텍스트·데이터 등이 컴퓨터를 매개로 하여 통합적으로 처리되는 미디어'라고 경직되게 풀이할 것이 아니라, '인간의 감각에 접근하는 미디어'라고 좀더 명쾌하게 정의하는 것이 옳다.

결국 멀티미디어를 좀더 근본적으로 이해하고 나아가 그것을 더욱 미래적으로 디자인하기 위해서는 원초적으로 멀티미디어 복합체인 인간과 그 세계에 대해 정통해야 한다. 멀티미디어의 진짜 세계는 인간의 속성을 지니고 있고, 하나의 환경으로 구성되어 있으며, 인간세계의 원형적 속성으로 가득 차 있다. 멀티미디어의 세계는 인간과 그 문화가 세상을 향해 열려 있는 것만큼 우리 앞에 열려 있는 것이다.

풍수와 멀티미디어

　여기 윤두서(尹斗緖, 1668~1715)의 자화상이 있다. 윤두서는 고산 윤선도의 증손자이자 실학의 대부인 다산 정약용의 외증조부가 되는 인물이다. 그의 자화상은 국보 240호로 지정된 한국 최고(最古)의 초상화이다. 그런데 그림이 좀 특이해 보인다. 목과 상체 부분 없이 귀 잘린 얼굴만이 허공에 떠 있는 형상이기 때문이다. 마치 효수된 얼굴 같다. 사람들은 이제까지 이것이 윤두서 자화상의 전부라고 생각해왔다. 그런데 최근에 한국회화사를 전공하는 분(오주석, 한신대 강사)이 1937년에 조선총독부에서 간행한 《조선사료집진속朝鮮史料集眞俗》이라는 문건에서 목선과 상반신의 윤곽이 뚜렷한 윤두서의 자화상 사진을 발견하였다. 거기에는 기품 있는 얼굴을 받쳐주는 도포의 옷깃과 그 윤곽이 유탄(버드나무 숯)으로 그려져 있었다. 그렇다면 어떻게 된 일일까? 윤두서의 자화상은 두 개의 판본이 있었단 말인가. 아니다. 사실인즉, 후대의 사람들이 관리 미숙으로 유탄으로 그린 윤곽을 지워버려 먹으로 그려진 얼굴 형태만 남게 된 것이었다.[37]

윤두서의 자화상을 통해 하고 싶은 이야기는, 멀티미디어 역시 그것의 윤곽과 맥락을 살려서 살펴보는 것이 중요하다는 사실이다. 우리는 이제까지 멀티미디어의 몸통은 빠뜨린 채 그것의 효수된 머리만 보아왔는지도 모른다. 멀티미디어를 몸통까지 포함해서, 즉 하나의 환경으로서 그 전체의 윤곽과 맥락을 파악하는 것이 중요하고도 필요하다.

천-인-지

천(天)-인(人)-지(地). 사람은 하늘과 땅 사이에 존재하며 이 양자를 매개하는 미디어로서 현시(顯示)된다. 굳이 동양적 음양설(陰陽說)과 오행설(五行說)을 거론하지 않더라도 인간은 우주의 운동 속에서 끊임없이 역동하는 미디어, 그것도 다면체적 감각(multiful senses)으로 구성된 멀티미디어 복합체이다. 세계란 결국, 멀티미디어 복합체로서의 인간의 관계적 확장일 따름이다. 그 관계적 확장

〈윤두서상〉. 윤두서가 종이 바탕에 담채로 그린 자화상. 조선후기 국보 제240호.

atom@bit

은 인간에게 환경이라는 인식을 심어주게 되었다. 인간은 스스로를 자연과 구별하여 인식하기 시작한 최초이자 유일한 동물이다. 그리고 인간은 그 자연을 포함한 모든 대상적 관계 속에서 자신에게 환경으로 인식된 세계를 구성해온 것이다.

앞서도 언급한 것처럼, 인간은 다면체적 감각을 지니고 있다. 거기에는 보고, 듣고, 말하고, 냄새 맡고, 맛보고, 느끼는 오감과 육감의 세계가 있다. 인간은 그 다면체적 감각을 상징화하고 언어화하며 또 소통하는 능력을 지니고 있다. 그리고 인간은 이러한 상징 능력, 언어 능력, 소통 능력을 바탕으로 해서 노동을 하고 세계를 구성하며 또한 이를 변화시켜왔다.

그러나 인간의 생산력이 낮았을 때는 그러한 능력들이 노동과 생산의 영역에 집중되어야 했지만, 그 수준이 높아지고 나아가 사회적 관계성이 복잡하게 변화하면서 이 능력들은 커뮤니케이션과 교통·교류(verkehr)의 영역으로 집중되기에 이르렀다. 커뮤니케이션과 교통·교류의 영역에 집중된 인간의 상징 능력, 언어 능력, 소통 능력은 이른바 커뮤니케이션-미디어 환경(communicational-media environment)을 총괄적으로 구성하기에 이르렀다.

오늘날 우리는 자연-생태 환경(natural-ecological environment) 속에서 살아간다. 동시에 우리는 커뮤니케이션-미디어 환경 속에서도 살아간다. 전자를 제1의 환경이라고 한다면, 후자는 제2의 환경인 셈이다. 그러나 오늘날은 제1의 환경과 제2의 환경이라는 구분 자체가 의미 없게 될 만큼, 두 환경은 상호 융합되어 전개되고 있다. 그런데 바로 이 융합의 비밀을 담지하고 있는 것이 다름

〈명당도〉.
삶터는 뿌리와 방향을 제공하는 삶의 기억들로 가득 차 있다. 이제 사이버 스페이스는 우리의 새로운 삶터이다.

atom@bit

아닌 디지털화된 멀티미디어 세계이다.

결국 멀티미디어는 하나의 환경으로 구성되고 전개되는 것이며 궁극적으로는 자연-생태 환경과 커뮤니케이션-미디어 환경을 조화롭게 융합시키면서 환경친화적(pro-environmental)인 변화를 계속해가지 않으면 안 된다. 이 점을 확실히 인식하는 것이 미래의 멀티미디어 환경 디자인의 핵심적인 관건임에 틀림없다.

풍수와 멀티미디어

더욱 확장해서 이야기한다면, 멀티미디어 환경 디자인은 자연과 인간을 하나로 묶어서 사고하는 전통적 풍수(風水)의 문제의식에서 시사받을 부분이 적지 않다. "풍수란 자연-생태 환경과 인위 환경 및 경관적인 시각 환경 등을 종합적으로 고려한 일종의 환경설계이론"[38]이라는 정의를 통해 보더라도 멀티미디어 환경 디자인과 전통적 환경설계 개념으로서의 풍수를 연결지워 보는 것은 결코 엉뚱한 발상이 아니다. 오히려 누락시켜서는 안 될 기본적 발상이라고 강조하지 않을 수 없다. 지리학자 출신의 풍수학자 최창조는 이렇게 말한 적이 있다.

> 땅을 다루는 방법에는 두 가지가 있다. 하나는 땅의 실체적인 측면, 즉 눈에 보이고 손으로 만질 수 있는 흙과 돌과 미생물의 집합체인 물질로서의 땅을 보는 것으로 우리는 이것을 지리(地理)라고 한다. 다른 하나는 땅의 본질적인 측면, 즉 땅이 지니고 있는 만물 소생력인 지기(地氣)로서 그것을 보는 것으로 우리는 이것을 풍수(風水)라 한다.[39]

그런가 하면 제임스 허스텐(James Housten)은 단순한 건축적 구조물인 공간(space)과 인간적 의미가 부여된 삶터(place)를 구분했다. 그에 따르면, 삶터란 인간사의 우연과 의무와 추억과 정서가 만나는 곳이다. 즉, 인간사로 가득 차 있는 곳이며 인간사의 제한점들이 인지되는 곳이기도 하다. 따라서 삶터는 정체성을 정립하고 소속감을 규정하며 운명을 가늠한다. 그리고 삶터는 뿌리와 방향을 제공하는 삶의 기억들로 가득 차 있다. 반면에 공간은 경제성·기능성·효율성·생산성 위주로 사고한 결과, 인간 소외의 공간, 생명 상실의 공간, 단일한 가치만이 지배하는 공간, 그리고 기계적 사유들을 낳는 획일적 공간으로 변질되었다. 풍수는 이러한 근대 서구의 기계적 자연관이 낳은 인간 소외의 공간 구조와 생명 상실의 공간 파괴를 극복하기 위한 하나의 대안인 것이다.

이렇게 볼 때, 풍수란 땅과 사람 사이의 교류하고 교통하는 기운과 관련된 문제의식이다. 그런데 멀티미디어란 인간의 감각에 접근하는 미디어로서 사람과 사람은 물론 사람과 자연, 더 나아가 '본래의 자연'과 '인공화된 자연으로서의 커뮤니케이션-미디어 환경' 사이의 교류와 교통에 관련된 것이다.

결국 멀티미디어에 대한 접근은 멀티미디어의 개별 시스템이나 단말장치 그 자체를 보는 것이 아니라 그것이 네트워크화된 배치적 환경을 주목하고 조망하는 것이다. 멀티미디어가 네트워크화되면서 커뮤니케이션-미디어 환경을 더욱 확장적으로 구성하고, 이것이 제1의 환경으로서의 자연-생태 환경과 친화적이어야 한다는 것은 결코 당위의 이야기여서는 안 된다. 그것이 당위적 언명으로 그친다면, 멀티미디어의 미래는 숲의 나무가 없어지고, 석유가 고갈되는 것과는 또 다른 의미에서 제한받게 될 것이다.

멀티미디어는 반드시 환경으로서만 존재할 수 있다. 아무리 정교하고 우수하다고 할지라도 하나의 단말기로서만 기능하는 멀티미디어는 아무 의미도 없고 또 실재할 이유도 없다. 숲에 나무가 우거져 있지 않으면 새가 깃들지 않듯이, 물이 오염되면 고기들이 살 수 없듯이, 멀티미디어는 컨텐츠가 자유롭게 이동하며 놀 수 있는 환경으로 조성되지 않는다면, 또한 네트워크상에서 멀티미디어 사용자(user)들의 자유롭고도 원활한 상호 교섭(interaction)이 보장되지 않는다면, 아무 쓸모도 없는 것이다. 그것은 더 이상 멀티미디어가 아닌 것이다. 따라서 멀티미디어는, 곧 멀티미디어 환경인 셈이다. 그것이 환경이기에 멀티미디어는 자연환경과 삶터, 그리고 인간 사이의 조화로운 관계를 추구한다는 의미로서의 풍수적 문제의식으로부터 이탈할 수 없는 것이다.

에코에티카, 에코커뮤니케이션

디지털화는 다양한 컨텐츠가 자유롭게 이동하며 놀 수 있는 환경을 만드는 것을 가능하게 했다. 디지털화를 통해 화상도, 사운드도, 데이터도, 텍스트도 모두 자유롭게 이동하고 편집되고 압축되고 재생되어 융합될 수 있게 된 것이다. 아톰의 세계에 갇혀 있던 것들을 비트의 세계에서 자유롭게 하는 것이 바로 아날로그 환경에서 디지털 환경으로의 대전환이라고 말할 수 있다. 더구나 하

아톰@비트

나의 단말기로 그치지 않고 인터랙티브한 상황 속에서 확장적으로 네트워크화(being network)되는 가운데 멀티미디어는 진정한 커뮤니케이션-미디어 환경을 조성하게 되었다.

그리고 이렇게 조성된 커뮤니케이션-미디어 환경은 자연-생태 환경과 조화롭게 어울리고 융합하지 않으면 안 된다. 인간이 자연-생태 환경의 조화를 절실하게 깨달은 것과 같이, 커뮤니케이션-미디어 환경 또한 자연-생태 환경과 그 안에 살고 있는 인간과의 조화 및 융합을 지속적으로 모색해야 한다. 그것이 생권윤리학, 곧 '에코에티카(eco-ethica)'에 부합하는 멀티미디어 세계이며 에코커뮤니케이션(eco-communication)의 의미이다. 그리고 바로 이 지점에서 환경으로서의 멀티미디어는, 인간과 삶터 간의 기운의 관계성을 주목했던 '풍수'의 문제의식과 마주하게 되는 것이다.

결국 미래의 멀티미디어 환경 디자인의 첫 번째 요체는 멀티미디어를 '인간의 감각에 접근하는 미디어'로 인식하고, 원초적인 멀티미디어 복합체로서의 인간과 그 세계에 대해 정통해야 한다는 것이다. 그 두 번째 요체는 멀티미디어를 디지털화되고, 인터랙티브한 상황 속에서 네트워크화된 커뮤니케이션-미디어 환경의 중핵으로 이해하고 이것이 자연-생태 환경과 조화하고 융합하는 가운데 생권윤리학, 곧 에코에티카에 부합할 수 있도록 설계하는 것이다. 이것이 멀티미디어에 대한 환경적 접근이자 풍수적 의미로 본 멀티미디어인 것이다.

우리는 디지털화를 통해 컨텐츠가 자유로이 이동하고 저장되고 또 활용될 수 있는 그러한 멀티미디어 환경을 만들기를 원한다. 또한 사용자들 간의 상호 교섭성(interactiveness)을 확보해 명실상부한 인터랙티브 커뮤니케이션이 활성화될 수 있도록 네트워크화된 멀티미디어 환경을 만들기를 원한다. 그러나 무엇보다도 우리는 디지털화, 네트워크화된 멀티미디어 환경이 인간의 삶을 축소시키거나 위축시키는 것이 아니라 더욱더 풍요롭게 만들고 그 환경 안에서 사람과 사람의 관계가 더욱 기운찬 관계성으로 활성화되기를 원한다. 그러한 바람이 새로 맞이한 21세기, 곧 밀레니엄-멀티미디어 시대에 적절하게 이루어지기 위해서 우리는 인간과 자연, 삶터와 공간에 대한 전통적 풍수의 이해를 멀티미디어 환경의 사이버 스페이스와 웹 환경에 확장적으로 또 발전적으로 적용시켜볼 필요가 있다. 왜냐하면 그곳이 새로운 밀레니엄 시대에는 우리의 삶터요 환경이기 때문이다.

지난 97년 완공된 빌 게이츠의 저택은 전체적으로 볼 때 자연-생태 환경과 커뮤니케이션-미디어 환경 간의 새로운 융합 모델을 제시한 것으로 볼 수 있다. 빌 게이츠의 저택은 멀티미디어 환경이 조성한 새로운 삶터와 사람과의 관계를 주목했다는 점에서 새로운 밀레니엄 시대의 사이버 풍수의 한 사례라고 말할 수 있을 것이다.

메디나 언덕의 빌 게이츠 저택 '21세기의 지휘본부'
(중앙일보 1997년 5월 19일자 기사)

마침내 모습을 드러낸 소프트웨어 황제 빌 게이츠 마이크로소프트사 회장의 저택은 시간이 흐를수록 풍성한 화제를 낳고 있다. 이 집의 집들이에 참석하고 본지에 참관기를 보내왔던 삼성SDS 남궁석(南宮晳) 사장(현 정보통신부 장관)은 "그건 단순한 집들이가 아니라 21세기를 준비하는 한 사업가의 야심찬 프로젝트 발표였다"라고 소감을 전했다. 깊은 관심과 요청에도 불구하고 아직 언론에는 공개돼 있지 않은 게이츠 회장의 첨단저택이 어떤 개념으로 어떤 모양을 갖췄는지 남궁(南宮) 사장의 전언과 기타 여러 자료들을 종합, 재구성해본다. 〈편집자〉

세계 최고 거부(巨富)답게 5천만 달러라는 거액을 들여 지은 집이었지만 이 집에서는 사치와 낭비의 흔적을 찾을 수 없다는 지적이다. 대신 미래를 움켜쥐려는 비전이 집 안에 가득 배어 있다는 얘기다. 게이츠 회장의 저택은 한마디로 자연의 아름다움과 첨단기술이 절묘한 조화를 이룬 '21세기 마이크로소프트사(MS) 지휘본부'이다.

◇외관 : 이 집은 나지막한 언덕을 병풍처럼 뒤에 두르고 워싱턴 호수와 유니언 호수를 바라보고 있어 눈이 부시도록 아름답다는 찬사를 듣는다. 집 앞의 호수는 태평양에서 올라오는 연어들이 알을 낳는 곳으로 가히 명당으로 꼽힌다. 집 안 어디에서도 호수가 한눈에 들어온다. 때문에 이 집의 별명은 '호수 위의 집'. 집은 동남향으로 설계돼 종일 햇빛의 세례를 받는다. 산자락을 삼각형으로 파고 들어간데다 겉모습을 언덕의 흐름에 따라 마무리했기 때문에 집은 땅 속에 묻힌 온실 같은 분위기를 풍긴다.

◇건축 기본개념 : 첨단시설을 갖췄으면서도 튀지 않고 사람을 위해 봉사하는 자연색채가 가득한 집을 짓는다는 것이 이 집 주인의 집짓기 기본철학이다. 게이츠는 그의 저서 《미래로 가는 길》에서 기술이 사람 위에 군림하는 집은 원치 않는다고 이미 밝힌 바 있다. 그래서 설계도 자연경관과 조화를 이루는 작품을 만들어내기로 유명한 건축가 제임스 커틀러가 맡았다.

◇내부구조 : 호수를 가로지른 뒤 배에서 내려 1층 현관에 들어서면 1층부터 4층까지 일직선으로 올라가는 102개의 계단이 한눈에 들어온다. 1층 현관 오른쪽에 리셉션 홀이 있고 왼쪽 복도를 따라가면 극장이 나오고 더 나아가면 가로 5, 세로 15 규모의 수영장을 만난다. 현관 벽 쪽에는 유압으로 밀어올리는 엘리베이터가 있는데 엘리베이터 밑으로 맑은 물이

흐르는 모습이 보인다. 2층 계단 오른쪽에 도서실이 있다. 왼쪽으로 복도를 따라가면 주방·거실이 있고 호수가 내려다보이는 발코니가 눈에 띈다. 복도 끝에 이 집 주인 게이츠 회장과 그의 아내 멜린다의 침실이 있다. 아이들 방과 유모방이 있는 곳이 3층인데 아이들 방이 두 개인 것으로 미뤄 게이츠는 이제 갓 돌이 지난 딸 제니퍼 외에 자녀를 한 명 더 둘 생각인 듯. 4층에는 바로 언덕 위에서 내려오는 이 집의 정식 현관이 있다. 언덕 입구에 산을 파고 들어간 차고가 있는데 자동차 20대의 주차가 가능하다.

◇건축상의 특징 : 이 저택은 전체적으로 목조건물이지만 중요한 벽면은 돌로 장식돼 있다. 이 나무와 돌은 매우 특색 있는 것이다. 나무는 시애틀 근교에서 자라는 '더글러스'라는 종류로 이미 1백 년 전 다른 건물에 사용했던 것을 1백% 재활용해 썼다. 색깔은 우리나라 대추나무 색과 비슷하나 재질이 균일해 부드러운 분위기를 풍긴다. 102개의 직선계단과 10개가 넘는 버팀기둥은 모두 이 나무로 만들어졌다. 사용된 돌은 1백% 오하이오주 클리블랜드산 모래돌. 정원에 이 돌을 깔았고 내부 벽면에도 얇게 붙였는데 가로로 줄을 맞춰 안정감 있고 수수한 인상을 준다. 최고 경영자들과 함께 지난 9일 집들이에 초청받은 앨 고어 미국 부통령은 "만일 이 집이 내 집이라면 백악관에 출근하지 않고 재택근무를 하겠다"며 부러움을 표시했다.

◇첨단시설 : 이 집은 순수한 가정집으로 보기는 어렵다. 세 식구가 살기엔 지나치게 크고 실제 가족을 위한 공간은 방·

atom@bit.

거실·수영장 등에 국한되기 때문이다. 따라서 이 집은 게이츠 회장이 소프트웨어 제국을 지휘하기 위해 건설한 '21세기 지휘본부'라는 설명이 설득력 있다. '메디나 언덕의 요새'로 불리는 것도 이 같은 이유에서다. 리셉션 홀 벽에는 40인치 모니터가 가로 6개, 세로 4개씩 총 24개가 설치돼 있다. 이 모니터는 공연이나 업무에 활용될 예정이며 홀에서는 1백 명이 함께 식사할 수 있다. 집들이 리셉션에서는 카메라로 찍은 시애틀시 전경을 인터넷에 올려 실시간으로 대형 스크린 상에서 재현했는데 참석자들은 그 황홀경에 감탄을 금치 못하면서 마이크로소프트사의 기술력에 혀를 내둘렀다고 한다. 도서실도 단순히 책을 읽고 글을 쓰는 곳이 아니다. 레오나르도 다 빈치의 그림을 재현한 도서실의 코비스 시스템은 각종 정보를 취합하고 정리하는 한편 마이크로소프트사가 정리한 자료를 세계에 뿌리는 정보두뇌 역할을 한다. 또 20석 규모의 극장은 영화를 보고 즐기는 곳이 아니고 마이크로소프트사 참모들과 신기술을 논하고 습득하는 멀티미디어 연구실이다. 이 집을 방문하는 손님들은 모두 옷깃에 전자핀을 꽂아야 한다. 이 핀은 방문객이 누구고 어디에 있는지를 알려주는 '인텔리전트 가정'의 핵심요소다. 방문객이 복도를 걸어갈 때마다 몇 발자국 앞의 전등이 켜지고 지나가면 전등은 다시 꺼진다. 좋아하는 음악을 선곡하면 어디를 가든 그 음악이 귓가를 따라다닌다. 전화가 걸려오면 가장 가까이에 있는 전화기에서만 벨이 울린다. 물론 게이츠 회장은 이 같은 시스템을 구성하는 소프트웨어로 마이크로소프트사의 제품을 쓴다. 집 안에 깔려 있는 네트워크의 운영체제로 윈도NT를 쓰며 사무자동화용 패키지 프로그램인 오피스가 모든 컴퓨터에 깔려 있다. 〈김종윤 기자〉

atom@bit.

멀티미디어는 굿이다

　인류 역사의 시원적(始原的)인 단계에서부터 사람과 사람, 사람과 사물 또는 사물과 사물 간의 관계를 매개하는 일차적 원리는 주술(呪術·magic)이었다. 영국의 저명한 종교인류학자인 제임스 프레이저 경(James George Frazer, Sir)은 《황금가지 *The Golden Bough : A Study in Magic and Religion*》라는 그의 장대한 저작에서 주술적 사고의 기본 원리를 다음과 같이 요약하고 있다.

1. 유사법칙(law of similarity) : 유사(類似)는 유사를 낳는다. 혹은 결과는 그것의 원인을 닮는다.
2. 접촉법칙(law of contact) 혹은 감염법칙(law of contagion) : 한 번 서로 접촉한 것은 실제로 그 접촉이 떨어진 후에도 여전히 계속 서로 작용한다.[40]

이때, 유사법칙에 기초한 주술은 동종주술(同種呪術 · homeopathic magic) 내지 모방주술(模倣呪術 · imitative magic)이라고 부를 수 있다. 예를 들자면 비가 오기를 기원하는 마음에서 빈 항아리에 물을 붓는 시늉을 하는 것과 같은 것이다. 혹은 죽이고 싶은 사람의 허수아비를 만들어놓고 그것에 상해를 입히면 그 사람의 몸에도 상해를 입힐 수 있다고 믿는 식의 제식을 말한다.

접촉법칙 내지 감염법칙에 기초한 주술은 감염주술(感染呪術 · contagious magic)이라고 할 수 있다. 감염주술의 가장 보편적인 예는 머리카락이나 손톱, 발톱과 같은 인간의 육체에 붙었던 부분과 그 사람 자체 사이에 직접적인 관련이 있다고 믿는 것이다. 가령 빠진 이빨을 매우 조심스럽게 다룬다든지, 혹은 탯줄을 잘 보존하도록 하고 특히 그것을 물이나 불에 가까이 하지 않는 습속들이 모두 감염주술과 관련이 있다. 그런데 이들 주술의 두 갈래, 즉 동종주술(모방주술)과 감염주술은 공감주술(共感呪術 · sympathic magic)이라는 통칭으로 집약될 수 있다. 왜냐하면 모든 주술은 어떤 신비스러운 공감, 즉 일종의 보이지 않는 에테르(ether)와 같은 매개를 통하여 이것에서 다른 것으로 옮겨지고 작용한다고 가정되기 때문이다.

멀티미디어는 재주술화이다

그런데 바로 이런 공감주술적 요소와 양상이 인간의 감각에 접근하는 미디어로서의 멀티미디어에서도 나타난다는 사실에 주목할 필요가 있다. 어떤 의미에서 멀티미디어는 인간의 감각능력을 전자화하고 비트화하는 것에 그치지 않는다. 오히려 디지털화되고 네트워크화된 환경으로서의 멀티미디어는 공감주술을 구체화하고 현재화한다. 멀티미디어 환경 안의 사이버 스페이스는 공감주술이 극대화되는 마당을 형성한다. 사이버 스페이스 안에서 우리가 '클릭'하는 지점들은 전자화되고 비트화된 일개 점에 불과하지만 그것은 곧장 새로운 컨텐츠의 세계로 우리를 순간이동시키는 에테르이자 매개물이 된다. 더구나 가상현실 속에서 만들어진 사이버 캐릭터는 결코 실재하지 않지만 그것을 통해 우리는 공감주술의 현재화와 구체화를 경험하게 된다. 이런 의미에서 멀티미디어는 재주술화(remagicalization)인 셈이다.

굿, 멀티미디어 퍼포먼스의 원형

태곳적 시원인(始原人)들로부터 오늘날의 일상인에 이르기까지 인간은 어떤 형태로든 주술적 공감을 통해 하늘과 땅 사이에 존재하는 자신의 의미를 표출하였고, 자기 자신 이외의 모든 사물, 사태, 상황 등과의 관계적 맥락을 표현하고자 했다. 그런데 이때 주술적 공감을 이루기 위한 퍼포먼스에는 감정을 몰입하도록 자극하고 때로 무아경 내지 황홀경에 빠지게 하는 소리와 몸짓, 그리고 이를 뒷받침하는 장단과 일종의 텍스트로서의 사설 등이 동원되었다. 우리는 그 전형으로 '굿'을 주목하게 된다.

굿은 이른바 아톰 시대의 주술적 공감을 형성하기 위한 퍼포먼스의 전형이라 할 만하다. 만신(무당)은 춤·소리·사설·그림 등 사운드·이미지·텍스트·데이터의 요소를 모두 동원하면서 여러

신윤복의 〈무녀신무〉.
춤·소리·사설·그림 등을 담아낸 굿은 멀티미디어 퍼포먼스의 원형이다.

날에 걸쳐 제의(祭儀), 초혼(招魂), 접신(接神)의 과정을 연출해낸다. 그것은 영험한 제의이면서도 때로 연희적 요소를 동반하기도 한다. 결국 굿이야말로 오늘날 멀티미디어 퍼포먼스의 원형(原型)이라고 할 만하다.

그런 굿판에는 의례적인 요소와 과정이 촘촘히 이어진다.[41] 가령 황해도 내림굿의 경우 그 과정은 크게 나누어 허튼굿, 내림굿, 솟을굿이라는 세 부분으로 진행된다. 즉, 새벽에 산으로 가서 산신을 맞은 후에 신어머니인 어미무당의 집으로 와서 강신한 사람의 몸에 들어 있는 허튼 귀신, 곧 잡신을 헤쳐버린다는 의미의 허튼굿을 한다. 그 후 큰 신들을 몸에 내리게 한다는 의미에서 내림굿을 하게 된다. 그리고 나서 일반적인 재수굿의 모든 절차를 진행한 뒤 새로 무당이 된 사람이 작두를 타며 큰 무당으로 솟게 한다는 의미의 솟을굿으로 마무리를 짓게 된다. 이런 굿은 실제로 여러 날이 소요된다.

굿의 절차를 좀더 세부적으로 살펴보면 대개 다음과 같은 순서로 짜여진다. 1. 명받기(산맞이굿) 2. 신청울림 3. 상산(上山)맞이 4. 일월성신맞이굿(혹은 물베바치기) 5. 허침굿 6. 내림굿 7. 초부정 8. 영정물림 9. 제석굿 10. 성주굿 11. 소대감놀이 12. 성수굿 13. 대감놀이 14. 서낭굿 15. 조상굿 16. 비수거리(장군거리) 17. 마당굿[42]

결국 주술적 퍼포먼스로서의 굿은 아톰 시대의 멀티풀한 퍼포먼스의 전형이면서 동시에 비트 시대 멀티미디어 컨텐츠 퍼포먼스의 원형이라고 말할 만하다. 그리고 굿을 주재하는 만신, 즉 무당(shaman)은 비트 시대의 멀티미디어 디자이너에 비견될 만한 아톰 시대의 컨텐츠 기획자라고 해야 옳을 것이다.

이처럼 굿이라는 주술적 퍼포먼스의 행위양식들이 본질적으로 멀티미디어적이라고 말할 수 있는 실제적인 이유는 앞서도 언급했듯이 주술의 마당인 굿판에서 소리(sound), 춤(motion), 그림(image), 주문(data), 사설(text) 등이 총체적으로 시현되고 있다는 사실만으로도 충분할 듯하다.

물론 새로운 밀레니엄 시대에 주술적 퍼포먼스로서의 굿은 우리의 일상에서 더 멀어져 하나의 이벤트처럼 박제화될런지도 모른다. 그러나 이른바 아톰 시대에 굿이 지녔던 다면체적 감각에의 소구방식과 주술적 감응의 네트워크는 비트 시대의 멀티미디어 퍼포먼스에 고스란히 남겨질 것이다. 그런 의미에서 새로운 밀레니엄 시대에 우리의 멀티미디어 환경 안에서 멋진 신세기를 향한 한바탕 진한 굿판이 벌어지기를 기대해보는 것도 좋을 듯하다.

atom@bit

알렉산드리아, 바그다드, 그리고 자금성(紫禁城)

아리스토텔레스(Aristoteles)의 제자였던 알렉산더 대왕은 새로운 개념의 도시 설계자였다. 그는 자신이 정복한 지역에 인공도시 네트워크를 건설하려는 야심을 갖고 있었다. 그 도시 네트워크의 이름은 '알렉산드리아'라 불리웠다. 본래 알렉산더 대왕은 제1알렉산드리아, 제2알렉산드리아 등으로 시작해서 제3, 제4, 제5의 알렉산드리아를 계속해서 건설하려 했다. 그러나 그 원대한 꿈은 알렉산더 대왕의 갑작스런 죽음으로 역사 속에서 사라져버렸다.

알렉산드리아의 무세이온

비록 알렉산더 대왕의 도시 네트워크 계획은 좌절되었지만 제1알렉산드리아에는 박물관 내지 대도서관의 원형이라 할 '무세이온(Mouseion)'이 건립되었다. 무세이온을 통해 알렉산더 대왕은 유목민(nomad)적 삶에서 정주민(sedentary)적 삶으로 전환한 문명인들의 삶의 양식을 코드화하고 이를 축적하여 현시(顯示)하고자 했다. 이것이 바로 다름아닌 박물관(Museum)의 시작인 셈이다.

그런데 최초의 박물관인 무세이온을 건설하는 작업과 멀티미디어 시디롬과 같은 컨텐츠웨어를 만드는 작업 간에는 원형적인 동질성이 있다. 차이점이라면 무세이온의 건설이 아톰 세계에서의 일이고, 멀티미디어 시디롬을 만드는 작업은 비트 세계를 지향한다는 것뿐이다.

인공도시 바그다드

이른바 지퍼게이트로 궁지에 몰렸던 클린턴 대통령이 바그다드 공습을 결행하기로 했다는 뉴스가 전해진 적이 있다. 그러나 사담 후세인이 지배하는 이라크의 수도 바그다드는 여전히 건재하다. 바그다드는 본래 A.D. 766년경에 만들어진 인공도시다. 《아라비안나이트》의 배경 도시로도 잘 알려져 있는, 왠지 신비감마저 드는 그런 도시다. 바그다드는 원형(圓形)으로 이루어진 인공도시였기 때문에 중국의 사서(史書)에는 원성(圓城)이라고 표기되어 있다. 도시의 중간에는 모스크(사원)가 자리하고 있고 방사형으로 뻗은 길을 따라서 주거지와 상업지구가 형성되어 있었다고 한다. 바로 이 원형 인공도시 역시 앞서 이야기했던 알렉산드리아의 무세이온처럼 삶의 양식을 코드화하여 압축하고 있었던 것이다. 이런 맥락에서 원형 인공도시 바그다드는 인공 박물관 도시 알렉산드리아와 마찬가지로 멀티미디어 시디롬과 같은 컨텐츠웨어의 원형이라고 말할 수 있다. 삶의 양식을 코드화하고 이를 압축하고 있기 때문이다.

미로의 도시 자금성(紫禁城)

몇 해 전 북경을 방문했을 때, 천안문 광장을 지나 자금성에 들어갔던 적이 있다. 자금성. 자색(紫色), 즉 검붉은 빛깔의 금지된 성. 9999칸(실제로는 8886칸)의 자금성은 그 자체가 미로 세계를 구현하면서 동시에 철저히 멀티미디어 컨텐츠적이다.[43] 세계 최대의 문이라는 자금성의 정문인 오문(午門)을 지나 햇빛을 반사해 금색으로 환생하는 구리지붕을 얹어놓은 수많은 문과 누각들의 물결 속에서 우리는 또 하나의 삶의 양식이 놀라운 구체성으로 코드화되고 압축되었음을 확인할 수 있다.

결국 최초의 박물관을 만들었던 고대 도시 알렉산드리아나 원형 인공도시 바그다드, 그리고 북경의 자금성은 삶의 양식을 코드화하여 시공간적으로 압축해놓았다는 점에서 멀티미디어 컨텐츠웨어의 원형(原型)이라고 볼 수 있다.

멀티미디어는 압축이다

멀티미디어는 컨텐츠의 수준에서는 물론 어플리케이션 수준에서도 시공간 압축과 매우 밀접하고도 중요한 관계를 갖고 있다. 컨텐츠 수준에서 볼 때 멀티미디어는 하나의 압축 행위 그 자체이다. 박물관의 압축, 고대 도시의 압축, 조선왕조실록의 압축 등

하늘에서 본 자금성.
멀티미디어는 압축이다. 자금성은 삶의 양식을 코드화하여 시공간적으로 압축해놓고 있다는 점에서 멀티미디어 컨텐츠웨어의 원형이라고 할 수 있다.

인류문명의 시공간적 압축 행위야말로 멀티미디어 컨텐츠의 승패가 걸린 문제임에 틀림없다. 또 어플리케이션 수준에서 볼 때도, 멀티미디어의 승패는 압축기술에 달려 있다고 해도 과언이 아니다. 한정된 용량 안에 좀더 많은 정보를 담고 또 이것을 작동시켜 운영하기 위해서는 압축기술이 생명인 것이다.

특히 MPEG 기술의 획기적인 발전은 멀티미디어의 시공간 압축을 더욱 가능하게 만들고 있다. MPEG(Moving Picture Experts Group) 위원회는 91년 디지털 저장 매체용 압축 규격 MPEG1을 개발했고, 94년에는 디지털 방송용 압축 규격 MPEG2 표준 기술을 개발했다. MPEG1과 MPEG2는 정해진 데이터 처리량에 따라 임의의 크기로 입력되는 동영상(動映像)과 음성 정보를 압축해서 이때 생성되는 비트스트림(bitstream)을 전송하면, 수신단에서는 이를 풀어(decoding) 화면이나 스피커로 출력해 시청하는 형태를 취했다. 그런데 최근 개발된 MPEG4에서는 컴퓨터 그래픽스나 3차원 데이터의 합성영상 및 MIDI(Musical Instrument Digital Interface), TTS(Text-To-Speech) 등과 같은 합성된 음향 정보도 함께 처리할 수 있도록 구성되어 있다.[44]

사이버 스페이스 안에서의 '확장된 현재'로서의 삶

결국 이러한 압축기술로 말미암아 디지털의 바다에서 더욱 경쾌하게 웹서핑(web-surfing)을 할 수 있음은 물론이거니와 사이버 쇼핑몰, 사이버 주식시장, 사이버 패트롤, 사이버 기상대, 사이버 캠퍼스와 사이버 스쿨, 사이버 메디컬 등 일상의 대부분의 영역이 사이버 스페이스로 압축·재편되는 것이 가능해진 것이다. 그럼으로써 사이버는 더 이상 사이버가 아닌 리얼이 되기에 이르렀다. 새로 맞이한 21세기와 새로운 밀레니엄 시대는 바로 멀티미디어 압축기술을 통해 시공간 압축이 극대화되는 세계를 펼쳐 보일 것이다. 거기서 우리는 더 이상 '과거-현재-미래'라는 삼 분 구도의 시간관념이 아닌 '확장된 현재'라는 새로운 시간관념을 갖게 될 것이다. 또 단지 흘러가는 시간(flowed time)이 아닌 할당되는 시간(allocated time)을 살게 될 것이다. 그리고 공간 속의 거리는 시간의 변화 속에서 사실상 부차적인 지위로 떨어져버릴 것이다. 내가 어디에 있든지 그것은 아무 상관 없을 것이기 때문이다. 이미 모두가 자신의 위치 감각을 상실할 만큼 압축되어버릴 테니까.

고대인들은 꿈을 꾸었다

　모든 고대 문화와 문명은 꿈꾸기의 다른 이름이었다. 고대인들의 꿈은 오늘을 사는 우리들에게 고분(古墳)이란 공간을 통해, 신화(神話)라는 이름으로 그 흐릿한 환영(幻影)만이 비쳐질 뿐이지만, 정작 고대인들의 꿈은 곧 생활이었고 삶 그 자체였다. 그들은 꿈꾸기를 통해 고단한 생활의 한 부분들을 정화시켜나갔고, 꿈을 통해 지난한 삶에 저항하고 희망의 미래를 그려나갔던 것이다. 고대인들의 꿈은 일상 생활이 강제하는 것들에 대한 저항이었고 일상 생활에서 부대끼고 억눌린 것들이 새로운 생명으로 거듭나는 과정이기도 했다. 그런 의미에서 고대인들의 꿈꾸기는 살아내기와 같은 의미였다. 그들에게 꿈은 그 자체가 삶이요, 살아있음의 다른 표징이었다. 그래서 그런지, 고대인의 꿈꾸기는 그칠 줄 몰랐다. 그들의 꿈꾸는 능력은 우리들의 상상을 초월한다.

아톰@비트

고대인들은 전혀 보지 못하고 접하지 못했던 미지의 것들을 상상하고 꿈꾸었다. 고대인들의 상상력에 비한다면 오늘 우리의 상상력이란 얼마나 빈약한 것인가. 보르헤스(Jorge Luis Borges)의 《상상동물 이야기》나 고대 중국의 상상력 사전이라 할 《산해경山海經》을 통해 우리는 고대인들의 끝간 데 없는 상상력에 압도당하고 만다. 그에 비하면 지금 우리의 상상력이란 것은 사실 이미 미디어를 통해 한 번쯤은 그려진 이미지의 모방일 가능성이 높다. 만약 우리에게서 미디어가 이미 보여주고 들려준 정보력을 배제한다면, 아마도 우리는 어느 것 하나 제대로 그려보거나 꿈꿔보거나 상상할 수 없을지도 모른다. 그만큼 우리의 상상력은 갇혀 있고 어떤 의미에서는 바닥나 있다. 문제는 그런 갇혀 있고 바닥난 상상력으로는 결코 새로운 밀레니엄 시대를 살아갈 수 없다는 점이다. 새로운 밀레니엄 시대의 위기는 단지 Y2K 같은 아톰 세계와 비트 세계 간의 충돌에만 있는 것이 아니다. 더 심각하고 근본적인 위기는 우리의 상상력이 바닥나고 있다는 것에 있다. 다시 말해 우리가 더 이상 진정으로 꿈꿀 수 없다는 데 있다.

사람들은 이렇게 되물을지 모른다. 이미지가 넘쳐나고 영상이 물결을 이루는 가운데 오히려 상상력이 자극받아 모두 그 이미지와 영상 속에서 꿈꾸고 있지 않느냐고. 그러나 이렇게 말할 수밖에 없는 것이 몹시 안타깝다. 바로 그 넘쳐나는 이미지와 영상물 속에서 우리들의 상상력이 갇히고 질식당하며 더 이상 꿈꾸는 것 자체가 현상의 전복이 아닌 현상에의 순응이 되고 말았다는 역설을 과연 우리가 지나칠 수 있을까.

atom@bit

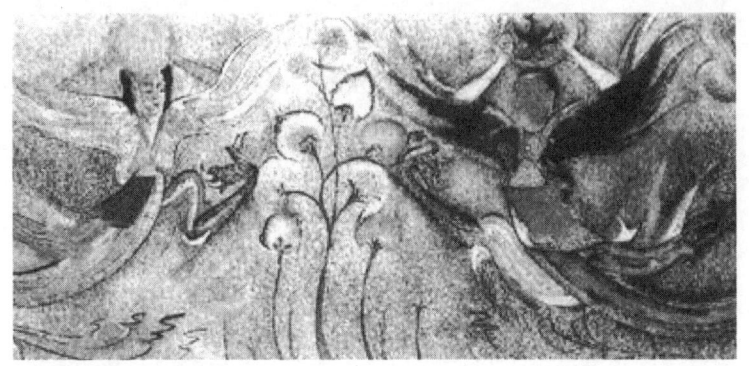

고구려 고분에 나타난 복희와 여와, 6세기, 지안 5괴분 제5호묘.
고대인들의 꿈꾸기는 곧 살아내기였다. 그들이 황량한 대자연에서, 그 처절한 생존의 삶터에서 몸부림치며 꿈을 꾸었듯이 우리도 그렇게 다시 꿈꿔야 한다.

미디어 안에 갇힌 꿈꾸기

전자계산기의 발명이 인간의 계산능력을 현저히 감소시켰듯이, 컴퓨터와 정보처리기기들의 급속한 발전이 인간의 기억능력을 현저히 약화시켰듯이, 텔레비전과 영화, 그리고 컴퓨터 게임 등을 통해 나타나는 이미지의 홍수 속에서 정작 우리의 근원적인 상상력은 현저히 제한되고 말았다. 우리는 이제 텔레비전과 영화, 그리고 컴퓨터 게임을 통해 직접 보지 못한 것들은 상상하기 어렵게 되었는지 모른다. 아니 좀더 정확히 말하자면, 오직 텔레비전을 시청하고 영화를 보고 컴퓨터 게임에 몰입함으로써 얻어진 이미지 정보의 갖가지 조합을 마치 자신의 상상력인 양 착각하고 위장하고 있는 것인지도 모른다. 결국 우리의 상상력이란 미디어 안에 갇힌 꿈꾸기인 것이다.

언제부터인가 미디어는 꿈꾸기의 수단이요 매개이기보다는 꿈

아톰@비트

꾸기를 제한하고 한정짓는 것이 되어버렸다. 한때 영화는 꿈의 미디어였지만, 오늘날 그것은 너무나도 강렬한 이미지 속에서 오히려 꿈을 가두고 있다. 사람들은 영화를 통해서 혹은 영화를 보면서 꿈꿀 수는 있어도 영화를 넘어서서 꿈꾸기는 점점 더 힘들어졌다. 영화의 이미지 운동과 나의 꿈꾸기 간에는 지체(遲滯)와 간극(間隙), 곧 틈새의 여지가 사라지고 동시적 상상 내지 일체적 상상만을 자극하고 심지어 강요하는 상상력의 전체주의화가 만연하기 시작한 것이다. 나의 꿈꾸기와 영화적 이미지 운동의 결합이 새로운 상상력의 발원지가 되어주던 그 기분좋은 날들은 점점 사라져가고 이제는 영화의 이미지 코드가 지시하는 대로 나의 상상력이 가두어지고 제한되고 말았다.

텔레비전은 어떤가. 텔레비전을 통해 퍼부어지는 각종 영상정보는 더 이상의 의식적 관념활동 자체를 불필요하게 만든다. 영화는 이미지의 운동이라는 울타리 안에서 그나마 제한된 상상력을 펼칠 수 있게 하는 반면, 텔레비전은 오직 반응과 무차별적 몰입만을 강제할 뿐이다. 컴퓨터 게임도 마찬가지다. 인터랙티브한 요소가 가미되어 일방적인 자극과 반응의 이자적 구도를 넘어서는 측면이 없지 않지만 그것 역시 사전에 코드화된 범위 안에서의 상호 대화일 뿐 좀더 확장적인 상상력의 세계를 열어주지는 못한다.

따라서 텔레비전이든 영화든 혹은 컴퓨터 게임이든 한결같이 강력한 영상 이미지를 표출하면서 그 안에서 우리의 상상력을 가둔다는 점에서는 하등 다를 바 없다. 사람들은 점점 이것들이 제시하고 보여주는 것 이상을 생각해서는 안 될 것 같은 불안감 속에서 스스로의 상상력의 세계를 주눅들게 하고 말았다.

포르노가 나쁜 이유, 더 이상 꿈꿀 수 없게 만든다는 것

중학교 시절, 우리 반에 이상한 녀석이 있었다. 그 녀석은 항상 어젯밤 같이 지낸 여자 이야기를 질질 흘리고 다녔다. 그러면서 가끔은 자기 그것을 보여주곤 하였다. 정말 어처구니없는 녀석이었다. 한편으로 바보같이 착한 녀석이기도 했었다. 그 녀석은 결국 졸업을 못하고 말았다. 나는 25년 전의 그 녀석을 떠올리며, 이렇게 생각했다. '만약 그 녀석이 꿈꿀 수 있었다면……' 그 녀석은 꿈꿀 수가 없었다. 그래서 그렇게 살았는지도 모른다.

포르노가 나쁜(?) 이유는 다른 것이 아니다. 더 이상 꿈꿀 수 없도록 하기 때문이다. 꿈꾸던 남과 여의 만남과 결합은 아름다운 것이다. 그리고 그것이 아름다울 수 있는 것은 꿈꾸기 때문이다. 사람이 동물과 다를 수 있는 것은 몸이 교접하면서 꿈꿀 수 있다는 사실일 것이다. 섹스는 더 없이 훌륭한 꿈의 커뮤니케이션이다. 섹스처럼 꿈꿀 수 있는 커뮤니케이션도 없다. 그러나 포르노는 꿈꿀 수 있는 커뮤니케이션으로서의 섹스에서 꿈을 도려낸 것이다. 상상을 거세한 것이다. 그래서 뻔하게 돌아가게 만든 것이다.

초등학생과 중학생이 임신을 한다. 자신이 무엇을 했는지도 잘 모른다. 불러오는 배만큼 커져가도 시원치 않을 그들의 꿈은 오히려 반비례해서 줄어만 가고 결국에는 사라지게 된다. 아니 그들은 꿈 같은 것에 관심조차 없었는지도 모른다. 애초에 세상이 그들에게서 꿈 자체를 거세해버렸기에 말이다. 누가 그들을 다시금 꿈꾸게 할 수 있을까? 아무도 대답할 수 없을 것이다. 아무도······.

이마골로지(imagology)에 포박당한 상상력

우리를 대신해서 미디어가 꿈을 꾸어주는 현실 앞에서, 넘쳐나는 이미지와 홍수 같은 영상물 속에 역설적으로 갇혀버린 상상력의 앙상한 몰골 앞에서, 그리고 더 이상 꿈꿀 수 없게 만드는 포르노의 노골적인 거세 속에서 우리는 소리 없이 좌절한다. 어쩌면 우리는 꿈을 잃어버린 것이 아니라 꿈꾸는 능력 자체를 상실해버렸는지도 모른다. 이제 더 이상 미디어가 대신 꿔주는 것을 꿈이라고 말하지 말자. 꿈은 나의 꿈이고 우리의 꿈이어야 한다. 미디어가 대신 상상해주는 것이 아니라 스스로가 펼칠 수 있는 상상력이어야 한다.

우리는 정보가 폭발하는 시대에 살고 있다. 이미지가 폭발하는 시대에 살고 있다. 또한 우리는 꿈이 죽어가는 시대에 살고 있다. 이미지의 감옥 속에 꿈이 가두어지는 시대를 살고 있는 것이다. 꿈을 펼치는 미디어가 아니라, 그 꿈을 제한하는 미디어의 시대를 살고 있는 것이다. 본래의 꿈은 전복력을 갖는다. 뒤집어내는 힘이 있다. 그러나 이미지의 운동이 대신하는 꿈은 우리를 끊임없이 가두고 순치시킨다. 한마디로 이마골로지(imagology = image+ideology)의 포로가 되게 만든다.

그렇지만 우리는 꿈꾸기를 그칠 수 없다. 그것을 포기할 수 없다. 꿈꾼다는 것은 살아 있음의 또 다른 이름이기 때문이다. 그림자 없는 실체가 없듯이, 꿈꾸기 없는 삶이란 더 이상 삶이 아닌 것이다. 꿈꾸기란 무엇인가. 도피인가, 몽상인가, 환영과 환상에 사로잡힘인가. 아니다. 진정한 꿈꾸기는 삶의 몸부림이고 일상의 전복이다. 꿈꾸는 자만이 진정한 삶을 영위할 수 있다. 자, 꿈을 꾸자. 터무니없다고 비아냥거려도 좋다. 현실이 만만치 않아도 좋다. 꿈꾸기는 전복하기다. 더 이상 꿈꾸기를 주저하지 말자. 꿈꾸기는 내 살아 있음의 가장 강렬한 상징이기 때문이다.

밀레니엄의 꿈

인간은 꿈꾸는 동물이다. 꿈이 사라질 때, 인간은 박제물로 변한다. 그러나 언제부터인가 우리는 꿈을 꾸는 방법을 잊어버렸다. 아니 꿈 자체를 잊어버렸다. 삶이 너무 고단해서 꿈을 꿀 겨를이 없다고도 말한다. 그래, 우리는 고단한 삶 속에서 발기불능이 되듯이, 너무 피곤해서 꿈을 못 꾸는지도 모른다.

그렇다면 이 새로 맞은 밀레니엄 시대에 진정으로 꿈꾸기 위해, 갇힌 상상력의 올무를 풀고 바닥난 상상력의 우물에 새로운 샘물의 원천을 공급하기 위해서는 무엇을 어떻게 해야 할 것인가. 우선 고대인들의 상상력의 보고(寶庫)를 다시 열어 펼쳐놓아야 한다. 고대인들이 남겨놓은, 그러나 우리가 파묻어버린 그 상상력의 보고들을 다시 한 번 들춰내 세상 밖으로 내놓아서 우리의 메마른 상상력의 우물에 고일 수 있게 해야 한다.

그리고 우리는 다시 꿈꾸기 시작해야 한다. 고대인들이 황량한 대자연에서, 그 처절한 생존의 삶터에서 몸부림치며 꿈을 꾸었듯이 우리도 그렇게 다시 꿈꿔야 한다. 이제 꿈을 찾아 길을 떠나자. 거기 진정으로 새로운 우리만의 밀레니엄이 있다. 바로 거기서 우리 함께 새 밀레니엄의 꿈을 꾸자.

atom@bit

시간의 기억, 기억의 시간

　요즘 우리가 사용하는 컴퓨터의 운영방식은 대부분 윈도즈 (windows)라고 흔히 불리우는 그림 운영방식이다. 종래의 도스 (dos) 운영방식을 사용할 때는 일일이 명령어를 키보드상에서 입력해야 했지만, 지금은 아이콘(icon)을 클릭하는 것으로 대신한다. 여기서 아이콘이란 이름 그대로 도상(圖像)을 말한다. 그런데 우리가 도상, 즉 아이콘을 클릭하면서 컴퓨터 인터페이스(interface)를 형성해 멀티미디어를 작동시키는 행위나 고대 이집트인들이 그림문자로 적힌 벽면을 읽고서 피라미드의 내부 통로를 파악하거나 혹은 봉인을 하는 행위 간에는 본질적으로 차이가 없다. 마쓰오카 세이코(松岡正剛)가 언급했던 것처럼 이집트 상형문자는 일종의 프로그래밍 언어이며 GUI(Graphic User Interface)라고 할 수 있기 때문이다.[45] 결국 모든 비트적 형상의 원형은 아톰 세계에 현시되어 있거나 적어도 숨어 있는 것이다. 우리는 그것들을 다시 보고 재발견해야 한다. 이것이 멀티미디어에 대한 원형적 접근의 핵심이다.

이런 맥락에서 본다면, 윈도즈나 그 이전에 선보인 매킨토시 컴퓨터의 그림 운영방식 소프트웨어를 개발한 사람들은 의식했든 의식하지 못했든 고대 이집트인들의 그림문자 방식에서 영향받은 것이다. 의식적으로 영향받은 것이라면 더 이상 언급할 필요조차 없지만, 무의식적으로 영향받는다는 것에 대해서는 약간의 부연설명이 필요할 듯하다. 인간의 유전자는 이른바 기억세포라는 것을 갖고 있다고 한다. 비록 우리가 직접 경험하지 못한 일이더라도, 우리 선조들에게 계속해서 일어났던 사건과 상황들은 기질적으로 우리들에게 전수된 유전자상의 기억세포에 기억되어 무의식의 표층을 뚫고 그 일을 직접 경험하지 못한 사람이나 집단에게도 마치 그가 경험했던 것과 같은 느낌으로 전달되는 것이다. 이것은 주술적인 것이기보다는 다분히 유전학적인 경로로 설명 가능한 사태들임에 틀림없다. 그런 의미에서 노벨 의학상 수상자인 프랑스의 생물학자 프랑수아 자콥(F. Jacob)이 한 말은 되새겨볼 만하다.

우리는 핵산과 기억, 욕망과 단백질의 가공할 혼합물이다. 지난 세기에는 핵산과 단백질이 우리의 마음을 사로잡았다. 그러나 이번 세기의 관심사는 기억과 욕망이 될 것이다.[46]

atom@bit

이집트 상형문자는 일종의 프로그래밍 언어이다. 아이콘을 클릭하면서 멀티미디어를 작동시키는 행위나 고대 이집트인들이 그림문자로 적힌 벽면을 읽고서 피라미드의 내부통로를 파악하는 행위 간에는 본질적으로 차이가 없다.

아톰@비트

유목적 삶의 기억과 경전(經典)화된 레퍼런스

기본적으로 유목적 생활양식은 흐름과 지속을 강조하는 것이었다. 그것은 사실상 시간중심의 사유와 담론을 형성했었다. 그러나 인류가 한 곳에 정착해 살기 시작하면서 인간의 사유와 담론은 시간중심에서 공간중심으로 움직이기 시작했다. 유목(nomad)의 생활양식에서 정주(sedentary)의 생활양식으로 변화하면서 공간중심의 사유와 담론으로 질서화된 것이다.

변화가 많았던 유목생활을 통해 축적된 삶의 레퍼런스(reference)는 인류가 정착하면서 정리되고 편집되기 시작하였고 그것이 곧 인류의 경전(經典)들이 되었다. 인류의 모든 경전들은 유목적 생활양식에서 축적된 삶의 레퍼런스들이 정주적 생활양식으로 전환하는 과정에서 다시 모아지고 편집되어 전승된 것들이다. 유목적 삶을 버리고 정주적 삶을 살기 시작한 문명인들은 기원전 5~7세기경부터 자신들의 선조들이 살아온 삶의 궤적을 구두적 전승 혹은 문서로 정리하여 편집하기 시작했다. 그것이 인도의 《우파니샤드》, 중국의 《논어》·《도덕경》 등이며, 유대인의 《모세오경》이요, 그리스의 경우에는 호메로스의 《일리아스》《오디세이아》인 것이다. 우리는 이것들을 고전 중의 고전, 즉 경전(經典)이라 부른다. 이 경전들이야말로 구두적 전승의 과정을 통해 하나로 집성되어 코드화되고 마침내는 권력화된 지배담론의 원형들이다. 그것은 로고스(logos)의 의미를 지니며 인간적 삶의 질서를 형성하면서 권력으로 재구성되어 군림해온 담론들이었다.

유목적 삶과 '시간 혹은 지속'의 의미체계가 아닌, 정주적 삶과

'공간 혹은 완결'의 의미체계를 바탕으로 한 생활의 전체상은 점점 더 질서화되고 보수화되어갔다. 다시 말해서, '탈유목-정주적 삶-(삶의 레퍼런스의)경전화-생활세계의 질서화'라는 하나의 축선이 점점 더 강화되기 시작한 것이다. 인류의 사유와 담론은 앞서 언급한 축선을 중심으로 전개되어갔다. 한마디로 공간중심의 사유와 담론이 전개되었던 것이다. 시간은 공간의 부수적인 것일 뿐 결코 그 자체로 인식되지 못했다.

자본과 에일리언(alien)

중세의 암흑기를 거쳐서 르네상스와 지리상의 발견, 그리고 종교개혁을 통해 다시 샘솟은 고대문명의 젖줄은 인류의 시공간 개념과 그 영역을 급속히 확장시켰다. 그것은 필연적으로 미디어의 발달을 초래했다. 구텐베르크의 인쇄술은 그 단적인 증거였다. 그리고 미디어의 발달은 자본주의의 발전과 밀접히 연관지워졌다. 이런 상황 속에서 이른바 근대와 그것의 추동력으로서의 근대 자본의 형성이 준비되었던 것이다.

자본(Capital) 이야기가 나왔으니 한마디하고 지나가야겠다. 자본은 에일리언(alien)과 같은 것이다. 영화 〈에일리언 1, 2, 3, 4〉를 보면 에일리언이 무엇을 먹느냐, 그리고 그것의 숙주가 무엇이냐에 따라 급격한 변형이 이루어진다. 자본운동도 이것과 크게 다르지 않다. 이를테면, 최초의 자본이 출현하기 전단계에서 자본의 맹아는 토지로부터 사람들을 몰아내고 그곳에 대신 양떼들이 들어서도록 만들었다. 경제사에서는 이것을 가리켜 엔클로저(enclosure) 운동, 즉 토지종획 운동이라고 한다. 토머스 무어(Thomas Moore)는 이 상황을 가리켜 "양이 사람을 잡아먹는다"라고 묘사했다. 그러나 정작 자본이 면방직 공업의 발아를 위해 잡아먹은 것은 다름아닌 양떼였다. 그 후에 자본은 '수공업자'들을 잡아먹었다. 또 1840년대에 이르러 자본은 '국가'를 잡아먹었다. 그 후 1870년대에 자본은 제국주의라는 탈을 쓰고 '식민지'를 잡아먹기 시작했다. 그리고 20세기에 접어들어서는 '전쟁' 자체를 잡아먹기 시작했던 것이다. 오늘에 이르러서 자본은 마침내 '커뮤니케이션'을 먹어삼키기에 이르렀다. 하루에 32조억 달러에 달하는 엄청난 자본이 전자 네트워크상에서 유동하고 있다. 이것이 커뮤니케이션을 잡아먹고 변형된 자본의 현실태인 것이다. 마치 영화 〈에일리언〉에 나오는 괴물이 기괴하게 변하는 것처럼 말이다.

여하튼 미디어의 발달은 자본운동과 밀접히 연관되어 전개되어 왔다. 특히 자본이 커뮤니케이션을 집어삼킨 오늘날 이른바 멀티미디어는 시공간 압축을 가능하게 했다.

관리된 시간(managed time) 개념의 허구성

천체물리학자 스티븐 호킹(Steven Hocking)은 시간의 탄생을 빅뱅(Big Bang) 이후라고 보았다. 그러나 엄밀히 말해서 시간은 그 누구도 셈할 수 없고 그것의 탄생과 죽음을 말할 수 없다. 물론 시간이 공간에 선행하는 것만은 분명하다. 우리가 셈하고 나누어 놓은 시간이란 항상 공간의 부수물처럼 인식되어왔지만, 기실 숫자로 나누어 셈하는 시간이란 인간이 발명한 가상일 뿐, 그 이상도 그 이하도 아니다. 그것은 인간이 공간중심의 생활양식을 보편화하면서 자신의 편리를 증대하기 위해 시간을 인위적으로 관리하는 시스템을 고안한 것에 지나지 않는다. 다시 말해 공간에 부수된 시간 개념을 발명해 이것을 매우 자의적으로 사용한 결과인 것이다. 따라서 인간이 공간적 삶을 영위하기 위해 발명해낸 관리된 시간 개념은 허구일 뿐이다. 결국 지구라는 공간 안에서조차 관리된 시간 개념은 통일성도 전체성도 확보하지 못한다. 시차(時差)라는 것으로 그 차이를 상쇄하려 하지만 그것이 얼마나 인위적인 장난에 불과한지는 누구나 경험할 수 있다. 하물며 그것이 우주적 질서 안으로 던져질 때 지구라는 공간에 부수된 시간 개념이란 과연 무슨 의미가 있겠는가?

또한 공간중심의 사유와 담론은 우리를 필연적으로 '지구의 편견' 안에 머물게 했다. 인류가 지구의 바깥 궤도로 나아간 지 이제 겨우 40년이 되었다. 그리고 인간이 지구의 바깥 궤도를 넘어서 달에 발을 디딘 지는 30년 남짓 되었다. 어쩌면 아직도 우리가 지구의 편견 안에 갇혀 있는 것이 지극히 당연한 일인지도 모른다. 그러나 태양이 지구를 중심으로 도는 것이 아니라 지구가 태양의 주위를 돌고 있는 것처럼, 더 나아가 우리가 목도하는 태양계와 같은 것이 이 우주상에 헤아릴 수 없을 만큼 많다는 것을 생각해보면 우리의 공간중심적 사유와 담론이 얼마나 부질없는 것인지 길게 말할 필요조차 없다.

B.C. 5~7세기

유목민에서 ──▶ 정주민으로

from Nomad to Sedentary

정주(定住)화

경전의 형성＝유목적 생활양식의 코드화

《우파니샤드》

《논어》·《도덕경》

《모세오경》

《일리아스》·《오디세이아》

A.D. 14~15세기

시공간 팽창

time-space expansion

지리상의 대발견

르네상스

종교개혁

인쇄술의 발명

A.D. 20~21세기

정주민에서 ──▶ 다시 유목민으로

from Sedentary to Namad

시공간 압축

time-space compression

글로벌 빌리지

사이버 스페이스

월드 와이드 웹

atom@bit.

고대인의 '시간의 기억'

 이제까지 인류사에서 전개되어온 철학적·인식론적 사유의 태반은 공간중심이었다. 그러나 좀더 근원적인 맥락을 짚어보면 철학적·인식론적 사유의 근간에는 시간이 있었다. 다만 그 시간의 개념이 거세되고 외면되어왔을 뿐이다. 그런 의미에서 공간에 부수되어야만 존재하는 관리된 시간 개념이 있기 이전의 본유의 시간 개념을 주목할 필요가 있다.

 고대 인도에서 전승되어온 시간 개념은 정주적 삶의 양식에서 길들여지고 관리되기 이전의 시간 개념을 담고 있다. 그것을 불교라는 경전화된 삶의 레퍼런스의 편집체계가 '윤회'라는 개념으로 공간화시켰지만, 시간 본유의 개념은 한정된 공간 안에서의 반복적 삶의 고리가 아니라 탈공간적 상황에서의 지속임을 암시하고 있다. 불교의 윤회사상은 철저하게 공간 안에 길들여진 사유와 담론 체계이며, 그 안에 담긴 시간 개념은 공간에 부수된, 아니 공간에 예속된 형태일 뿐이다. 정주적 삶의 양식 속에서 탈색되지 않은 고대 인도인들의 본원적 시간 개념의 흔적을 우리는 불교경전에 앞서 있었던 《우파니샤드》에서 엿볼 수 있다. 《우파니샤드》에 흩어져 있는 본원적 시간 개념의 흔적들은 공간에 예속되거나 부수된 시간 개념이 아니다. 그것은 윤회라는 말로 귀결지을 수 없는 '지속'의 관념들이며, 그 지속의 의미는 그치지 않는 것, 영원히 흐르는 것을 뜻한다. 이름 그대로 영겁(永劫)의 영겁일 터이다. 윤회의 사유는 영겁의 흐름, 곧 지속을 공간 안에 가두어놓는 사고체계에서 파생된 후차적인 것이며 정주적 삶의 질

아톰@비트

서화와 규율화, 그리고 그 안에서의 경전적 담론의 권력화를 의도했던 것의 필연적 귀결일 뿐이다.

고대 헤브라이인의 시간 개념 역시 오늘날 우리에게 익숙한 공간에 부수된 시간 개념이 아니었다. 고대 헤브라이인들의 유목적 삶의 레퍼런스를 경전화한 《구약성서 Old Testament》는 고대 헤브라이인들이 지녔던 본유적인 시간 개념을 그대로 담고 있다. 노아의 방주에 나오는 노아의 나이나, 믿음의 조상이라고 일컬어지는 아브라함의 나이는 공간에 부수된 오늘날의 시간 개념으로는 도저히 셈할 수 없는 것들이다. 이것은 고대 헤브라이인들이 인식했던 시간 개념이 우리가 사용하고 있는 시간 개념과는 분명히 다른 것임을 확인시켜주는 단적인 예이다. 《신약성서 New Testament》에서도 "하느님 나라에서의 하루가 인간세상의 천 날과 같고" 하는 식으로 우리가 인식하는 시간 개념과는 사뭇 다른 시간 개념이 있음을 암시하고 있다.

아프리카인들의 '기억의 시간'

우간다 출신의 아프리카 학자인 존 음비티(John S. Mbiti)는 《아프리카 종교와 철학 African Religions and Philosophy》[47]이란 저서에서 시간의 문제와 관련해 매우 흥미로운 사실을 전해주고 있다. 그에 따르면 아프리카 전통에서는 '과거'와 '현재'만 있을 뿐, 실제적으로 미래는 없다는 것이다. 즉, 무한한 과거, 순간으로서의 현재, 그리고 무한한 미래를 지니고 있는 서구의 직선적인 시간 개념은 아프리카 사상의 입장에서 보면 매우 낯설 뿐만 아니라 구체성과 현실성마저 결여된 것으로 여겨진다는 것이다. 전통적인 아프리카인들에게 미래는 실질적으로 존재하지 않는다. 왜냐하면 미래 속에 있는 사건은 아직 일어나지 않은 것이며 아직 현실화 되지 않았기 때문에 시간을 구성할 수 없다는 것이다. 그것은 기껏해야 '잠재적인 시간'을 구성할 뿐이지 결코 '실제적인 시간'은 아니라는 말이다.

 아프리카인들은 사건들과의 관련 속에서 구체적이고 특정한 목적이 있기 때문에 시간을 헤아리지, 단순히 수학적인 계산만을 위해서는 헤아리지 않았다. 즉, 시간은 사건들이 모여 이루어진 것일 뿐 그 자체로는 의미가 없다고 본 것이다. 이런 아프리카의 시간 관념을 이해하는 데 스와힐리(Swahili)족의 '사사(Sasa)'와 '자마니(Zamani)'라는 용어가 도움을 준다. 여기서 '사사'란 사람들이 실존을 의식하는 시간영역이다. 심지어 육체적인 죽음이 있은 이후에도 개인은 계속해서 '사사'의 시간에 머물 수 있다. 다른 사람들이 그를 '기억'해주는 한 말이다. 즉, 아프리카인들에게는 누군가의 죽음이 그의 삶의 시간이 그친 것을 의미하지 않았다. 누군가 그를 기억하는 한 그는 살아 있는 자와 다를 바 없었다. 이처럼 그 사람에 대한 기억이 지속되는 시간을 스와힐리족은 '사사'의 시간이라고 부른 것이다. 그리고 그 사람과 어떤 사건에 대한 기억 자체가 상실되는 시점, 다시 말해 더 이상 기억되지 않는 시점 이후를 '자마니'의 시간이라고 보았다. 그것은 완전히 죽는 것이고 영원히 침잠하는 것을 의미했다. 즉, 기억의 망실 이후 시점이 곧 '자마니'였다. 결국 스와힐리족을 포함한 대부분의 아프리카인들에게 시간이란 '기억과 기억상실의 경계선'에 다름아니었던 것이다.

다시 시간중심적 사유와 담론으로

인류가 지구상에서 공간적 팽창을 통해 이른바 '지리상의 대발견'을 이룬 후에 근대 서구인들은 공간에 부수된 시간의 모순적 양상을 인식하기 시작했다. 그러나 그들은 공간을 분할함으로써 그 모순을 모면해보려고 했다. 그로 인해 지구라는 제한된 공간 안에 경도와 위도를 긋고 그 공간적 차이에 따라서 관리된 시간 개념을 각각 다르게 부과하기 시작하였다. 그것이 오늘날 우리가 지구라는 제한된 공간의 여행에서조차 끊임없이 시간을 다시 맞추지 않으면 안 되게 만든 것이다. 이제 우리가 달로 여행하고 화성으로 나아가고 금성에 발을 내디딜 때, 과연 계속해서 나의 시계를 다시 맞추어야 할까? 그때도 기준 시간은 지구 시간일 수 있을까? 우리는 그리니치 천문대가 설정해준 제국주의의 산물인 표준시간을 놓고 지구를 분할해 인위적이다 못해 차라리 자의적인 시간을 절대적인 것으로 믿고 사용하고 있다. 그러나 이런 눈가림의 연장을 달에서도 화성에서도 금성에서도 아니 태양계에서 더 나아가 우주에서도 적용할 수 있을까?

우리가 공간중심의 사유와 담론에서 시간중심의 사유와 담론으로 중점 이동을 하지 않으면 안 되는 실제적인 이유는 또 있다. 다름아닌 이른바 사이버 스페이스(cyber space)에 대한 문제 때문이다. 컴퓨터와 매개·결합·융합된 커뮤니케이션(computer mediated/connected/fused communication)이 디지털화되고 네트워크화된 새로운 차원의 커뮤니케이션 양식을 현실화하여 우리의 생활 전반을 송두리째 뒤흔들고 있음은 주지의 사실이다. 그런데 공간중심의 사유에 익숙해온 사람들은 이러한 새로운 차원의 커뮤니케이션 양식을 이른바 '가상 공간', 즉 사이버 스페이스라는 개념 안에 가두어 사고하기 시작했다. 그러나 '현실 공간'에 대비되는 개념으로서의 '가상 공간' 연구는 곧 벽에 부딪히고 말았다. 현실 공간에서 용인되어온 공간 개념에 부수된 '관리된 시간' 개념으로는 이른바 가상 공간에서의 시간 문제를 이해할 수 없었기 때문이다. 이에 일부 연구자들은 가상 공간이 아니라 가상 현실이라는 상호 모순된 용어를 사용하면서 그 문제를 넘어서보려고 했지만 허사였다. 기존의 공간중심적 사유와 담론으로는 새롭게 형성되고 있는 사이버 스페이스에서의 디지털화되고 네트워크화된 커뮤니케이션 양식을 이해할 수도, 그 전개 양상을 짐작할 수도 없다. 따라서 우리는 시간중심적 사유와 담론으로 돌아가야 한다. 아니 다시 생각해야 한다.

시간이 다시 주목받는다

이제까지의 철학과 그에 부수된 인식론은 공간중심의 사유이자 담론이었다. 유클리드 기하학으로 대변되는 고대 희랍철학이 그러했고, 중세 암흑기를 거쳐 르네상스와 지리상의 대발견 이후의 근대철학이 그러했다. "나는 생각한다. 고로 존재한다"라는 데카르트의 명제 이후 칸트와 헤겔, 그리고 마르크스를 거쳐 오늘날

하버마스(Jürgen Habermas)에 이르기까지 근대 주체철학의 맥락은 한결같이 공간중심적 사유와 담론으로 이어져왔다. 하버마스가 커뮤니케이션의 문제를 공공영역(public sphere)이라는 공간중심적 담론에서 벗어나 사유하지 못하는 것도 이런 맥락에서 그 이유를 찾을 수 있다.

그러나 철학사에서 시간중심적 사유와 담론이 전혀 없었던 것은 아니다. 후설(Edmund Husserl)의 '경험된 시간' 개념 이후 특히 베르그송(Henni Bergson)의 지속 개념을 통해 시간중심의 사유와 담론이 펼쳐질 수 있는 최소한의 지평이 열렸던 것이다. 오늘날 우리가 포스트모더니즘, 포스트구조주의 혹은 해체주의 등의 논의 지평에서 볼 수 있는 인식적 사유들은 한결같이 탈공간의 시간중심적 사유이자 담론들이다.

다소 거칠게 정리해보자면, 생태학적 중심 사고와 유전학적 중심 사고가 대별될 수도 있다. 하버마스의 공공영역 중심 사고와 푸코의 계보학적·고고학적 중심 사고가 대별될 수도 있다. 더구나 지리상의 대발견에 비견될 만한 사이버상의 대발견을 통해 포스트모던의 사유체계 속에서 재유목화가 논란이 되고 있다. 그리고 이를 통해서, 사이버 스페이스 연구가 아니라 사이버 타임 연구가 더 절실하고 적절한 것이 아닌가 생각되기도 한다. 이제 다시 시간의 문제를 들여다보아야 할 때이다. 공간에 부수되고 관리된 개념으로서의 시간이 아니라 그 본유의 개념으로 시간이 다시 주목받아야 한다.

atom@bit

속도는 느림을 확보한다

〈워싱턴 포스트〉지는 이미 5년 전인 1995년 송년 특집호에서 지난 1천 년 간의 인류 역사에서 가장 중요한 인물로 칭기즈칸(1167?~1227)을 선정했다. 그를 선정한 이유는 우선 그가 건설했던 제국의 광대함, 곧 '글로벌의 원조'라는 점이었다. 그는 동으로는 태평양 연안, 서로는 동유럽, 남으로는 걸프만, 북으로는 시베리아에 이르는 방대한 글로벌 제국을 이루었고, 인터넷이 형성되기 7백여 년 전에 이미 지구상에 가장 거대한 통신망을 건설하였으며, WTO에 못지 않은 자유무역세계를 건설한 주역으로 평가되었다.

'대양의 최고 군주' 혹은 '황제 중의 황제'라는 뜻을 지닌 '칭기즈칸'이란 칭호로 불리우기 전, 그의 이름이었던 '테무친'은 이미 정복자로서의 운명을 함축하고 있었다. 그의 아버지 예수게이가 타타르족을 공격한 후 생포한 적장의 이름을 그대로 아들의 이름으로 정했기 때문이다. 그 후 약 60여 년에 걸친 그의 생애는 원정과 정복의 연속이었다. 그의 이름은 공포와 복수, 그리고 위대함의 동일어가 되었고, 스텝의 유목문화가 낳은 그의 원정 행로는 그 자체가 곧 문명의 충돌을 야기하였다. 그가 허물어뜨린 장벽은 활발한 물질적·문화적 교류를 가능케 하여 사람들의 세계관을 넓혀주었고 이로써 글로벌의 실체를 처음으로 확인시켜주었다. 이런 의미에서 그는 '최초의 글로벌 맨'이었다.

한때 '문화의 파괴자'로 낙인찍혔던 칭기즈칸이란 이름이 '글로벌 문화의 창출자요 개시자'로서 새롭게 주목받았다는 사실은 매우 흥미롭다. 새로운 밀레니엄의 벽두에 다시 한 번 크게 심호흡을 하면서 이 비범한 인간의 놀라운 생애를 되새겨보는 것은 좁은 나라 안에서 정치적 싸움 속에 날이 새고 날이 지는 우리 현실의 굴레를 깨뜨리고 넘어서는 데도 반드시 필요한 일이 아닌가 싶다.

속도가 문제다

그렇다면 칭기즈칸이 방대한 글로벌 제국을 이루었고, 지구상에 가장 거대한 통신망을 건설하였으며, 자유무역세계를 건설한 주역으로 평가받게 된 핵심적 요건, 즉 그의 이른바 성공 비결은 무엇이었을까? 해럴드 램(Harold Lamb)은 《칭기즈칸 : 만인의 제왕 *Genghis Khan : The Emperor of All Men*》에서 그것을 이렇게 요약한 바 있다.[48]

- 대규모 부대를 힘들이지 않고 먼 곳까지 이동시키는 능력
- 여러 지역의 전장에서 보여준 신속하고 과감한 판단력
- 잘 알지 못하는 지역에서의 기민한 전술 대응력
- 항상 경계를 늦추지 않고 일에 방해가 되는 어정쩡한 태도나 과도한 걱정을 용납하지 않는 태도
- 승리의 결정타가 된 속도전과 포위공격법
- 부하들에 대한 절대적 권위
- 확실한 목적 의식
- 눈부신 승리 그 자체

혹자는 여기에 '잔혹성과 공포감의 전파·확산' 등을 첨가할지도 모른다. 그러나 그 무엇보다도 칭기즈칸의 성공 요인의 핵심은 '속도'에 있었다고 본다. 칭기즈칸은 당시 그 어느 누구도 흉내내지 못한 속도의 창출자였다. 기마병단의 속도만을 의미하는 것이 아니다. 그의 기마병단은 속도의 외피였을 뿐이다. 오히려 일에 대한 판단과 처리, 조직의 형성 및 확산, 그리고 군사 작전과 이동에 있어서 그는 그 당시 아무도 흉내낼 수 없었던 '속도'를 현실화해 보여주었다. 실제로 그의 정복 속도는 역사상 전무후무하다. 아마도 그 '속도'는 초원에서 보낸 유

칭기즈칸은 그 어느 누구도 흉내내지 못한 속도의 창출자였다.

목생활에서 기인한 것이 틀림없다. 그는 정주된 생활에서는 결코 흉내낼 수 없는 시간과 속도에 대한 유목민적 감각을 몸에 지니고 있었다. 그것이 오늘 우리에게는 경이롭게까지 여겨지는 그의 놀라운 위업 달성의 속도로 현실화되었던 것이다.

롬멜과 빌 게이츠

'사막의 여우'라는 별명을 지녔던 롬멜(Erwin Johannes Eugen Rommel, 1891~1944)은 제2차 세계대전 당시 탁월한 군사전략가로 이름이 높았다. 한편으로 그는 뛰어난 문필가이자 기록가이기도 했다. 그의 사후에 출간된 《롬멜 전사록 The Rommel Papers》이 그것을 입증하고 있다. 여기에는 1940년 5월 9일 공격 개시를 앞두고 부인에게 보낸 편지에서 시작하여 1944년 10월 14일 스스로 목숨을 끊기까지의 기록이 빠짐없이 담겨 있다.

특히 이 책 가운데 〈사막전의 준칙〉이라는 부분은 병학(兵學)이론으로서 주목받아왔다. 그러나 여기 담긴 롬멜의 관점과 생각들은 단순히 병학이론으로서가 아니라 새로운 밀레니엄 시대의 책략 준칙으로도 손색이 없다. 롬멜이 제시한 준칙을 소개하면 이렇다.

1. 자기 부대를 시간과 공간에 있어서 집중적으로 사용하도록 해야 함은 물론 적의 부대를 공간적으로 분할시켜 각기 상이한 시간에 이를 각개격파하도록 노력할 것.

2. 보급은 전투의 기본이다. 따라서 적의 보급지구에 돌입하여 작전

을 전개하면 적은 즉각 어느 한 쪽의 전투를 중지하지 않을 수 없게 된다. 따라서 자신의 보급로는 철저히 보호하고 적의 보급로는 교란하거나 차단하기 위해 가능한 모든 조치를 취해야 한다.

3. 기갑은 차량화·기동화된 군의 중핵이다. 모든 것을 기갑부대 위주로 결정하여야 한다.

4. 정찰 결과는 최단시간 내에 지휘관에게 보고되어야 한다. 그리고 지휘관은 이것에 기초해 즉각적인 지휘 결심을 내려야 한다. 대응 조치의 속도가 전투의 승패를 좌우하기 때문이다.

5. 기동 속도와 부대의 지휘 조직력이 관건이다.

6. 적의 지휘관에게 불안감을 주고 그를 우유부단하게 만들어 의사 결정을 포기하게 하려면 무엇보다도 각종 기만 방법을 창안하여 이를 적극 활용해야 한다.

7. 기습의 관건은 속도다. 적에게 재편성할 시간적 여유를 주어서는 결코 안 된다.[49]

즉, 공간보다는 시간적인 집중, 수적 우세를 상쇄하는 속도의 효과, 유연성을 겸비한 기습 활용, 대담한 행동에 의한 경계의 달성, 후방 군수지원에 의존하는 관행 타파, 기존 방식이 아닌 새로운 기준에 입각한 창조력의 동원, 적의 행동에 대한 직접적 대응보다는 간접적 대응 방법의 가치 확인 등이 롬멜이 제시하는 준칙의 핵심이다. 그러나 이 모든 것 중에서 롬멜이 가장 중시했던 것은 다름아닌 '속도'였다. 그에게서도 승리의 관건은 역시 속도였던 것이다.

아톰@비트

그런가 하면 최근 빌 게이츠(William Henry Gates III)는 《생각의 속도 Business @ the Speed of Thought : Using a Digital Nervous System》라는 책을 통해 2000년대는 속도의 시대가 될 것이라고 말했다. 그의 말을 들어보자.

1980년대가 질(質)의 시대요, 1990년대가 리엔지니어링의 시대였다면, 2000년대는 속도의 시대가 될 것이다. 비즈니스의 본질이 매우 빠른 속도로 바뀔 것이고, 비즈니스의 처리 속도 또한 빨라질 것이기 때문이다. …… 비즈니스의 속도가 충분히 빨라지면 비즈니스의 본질 또한 변화하게 마련이다.[50]

디지털 테크놀러지를 채택한 디지털 신경망(Digital Nervous System)은 '생각의 속도'로 비즈니스를 행하게 할 것이다. 그것이 바로 21세기 성공의 문으로 들어가는 열쇠이자 새로운 세기를 준비하는 핵심인 것이다. 빌 게이츠는 새로 맞이한 21세기, 더 나아가 새로운 밀레니엄 시대에는 생각의 속도로 운영되는 비즈니스만이 살아남을 것임을 분명히 한 셈이다. 결국 빌 게이츠에게서도 관건은 다름아닌 '속도'였던 것이다.

속도에서 앞서면 시장을 장악할 수 있다 : '피자헛'의 속도전

네트워크와 월드 와이드 웹(world wide web) 기술의 발전으로 사회는 예측하기 어려울 정도로 급속하게 변화하고 있다. 예전에는 자신과 자신이 속한 조직사회의 정보에만 접근해서 그것을 사용할 수 있었지만, 이제는 인터넷에 연동되어 있는 컴퓨터라면 다 접근해서 어떠한 정보라도 얻을 수 있다. 심지어 지구상의 모든 컴퓨터와 관련된 자원을 자신의 작업을 처리하는 데 이용할 수 있게 되었다. 물론 각 조직사회별로 존재하는 방화벽(firewall)이 허용하는 한도 내에서 가능한 것이긴 하지만. 개념적으로 볼 때 지구상의 모든 컴퓨터가 하나로 묶여져 거대한 사이버 네트워크를 형성해가고 있는 것이다. 이러한 환경을 '글로벌 컴퓨팅'이라고 부른다. 우리가 글로벌 컴퓨팅의 대명사처럼 쓰고 있는 인터넷은 사실상 그 한 사례일 뿐이다.

이런 가운데, 1994년 이래로 전세계에 점포망을 가지고 있는 피자헛이 인터넷을 통해 자사의 제품들을 주문받고 또한 이를 인터넷을 통해 (물론, 그 지역의 물류공급센터를 거쳐) 제공하게 되었음은 더 이상 놀라운 일이 아니다. 피자헛은 이런 형태의 초고속 네트워크를 통해 속도가 배가된 피자 배달로 연간 1백억 달러(16~17조 원)에 달하는 수익을 올리고 있다. 즉, 고객이 인터넷을 통해 피자헛의 중앙컴퓨터에 접속하면 다양한 종류의 먹음직스러운 피자가 스크린 위에 떠오른다. 주문하는 사람은 자신의 취향대로 페파로니, 양파 등 재료를 추가하거나 뺄 수 있다. 고객의 취향을 수록한 주문표는 인터넷을 통해 고객과 가장 가까운 곳에 있는 지점으로 전달되고, 피자는 신속하게 배달된다. 속도전의 승리자가 된 피자헛은 매상이 크게 신장되어 새로운 일자리를 창출한 반면, 경쟁사들은 피자헛의 인터넷 마케팅 전략에 대처하기 위해 안절부절하는 가운데 실직자를 양산하는 등 희비가 교차하고 있다고 한다. 이처럼 네트워크를 활용한 속도 배가의 사이버 마케팅은 전 세계에서 기존의 상업문화를 뒤흔들어놓고 있으며, 이 결과는 개개인의 일터와 사생활에도 큰 영향을 미치고 있음은 물론이다.[51]

속도가 가치를 만든다

《디제라티 *Digerati : Encounters with the Cyber Elite*》의 저자 존 브록만(John Brockman)은 존 페리 발로(John Perry Barlow)가 〈와이어드 *Wired*〉지에서 "정보는 활동이다. 정보는 명사가 아니라 동사다"라고 언급했던 발상의 연장선상에서 이렇게 말했다.

> 가치는 활동에서 나온다. 컨텐츠라는 낱말은 더 이상 하나의 명사가 아니다. 컨텐츠는 곧 컨텍스트이자 활동을 뜻한다. 컨텐츠는 관계, 즉 공동체이다. 컨텐츠는 접속을 제공하는 상호작용 요소들과 구별됨으로써 문자나 그림이 아니다. 컨텐츠는 동사, 즉 연속적인 과정이다. 요컨대 지적 처리와 서비스의 가치는 올라가고, 지적 자산의 가치는 떨어질 것이다. 컨텐츠는 정보이다. 정보는 단순한 사

A.L. 브레게의 파페튜얼 시계, 1822년, 스위스.
시계는 속도를 상징한다. 우리가 속도를 내는 이유는 느낌을 확보하기 위해서 이다. 그리고 그 느낌을 즐기기 위해서 이다.

atom@bit

물이 아니다. 가치는 활동에서 나온다.[52]

나는 이것을 한 걸음 더 전진시킬 필요가 있다고 본다. 이렇게 말이다. "가치는 속도에서 나온다" 그리고 "속도가 가치를 만든다"라고. 디지털화와 그에 따른 네트워크화는 시공간 압축을 통해 속도를 창출한다. 그 속도는 우리의 일상과 기업 활동 전반을 혁명적으로 변화시킨다. 바로 그 속도로 말미암아 새로운 (부가)가치가 발생하는 것이다.

속도는 느림을 확보한다

"속도는 기술혁명이 인간에게 선사한 엑스터시"라고 말했던 밀란 쿤데라(Milan Kundera)는 그의 소설 《느림 *La Lenteur*》에서 이렇게 말한다.

> 어찌하여 느림의 즐거움은 사라져버렸는가? 아, 어디에 있는가, 그 옛날의 한량들은? 민요들 속의 그 게으른 주인공들, 이 방앗간 저 방앗간을 어슬렁거리며 총총한 별 아래 잠자던 그 방랑객들은? 시골길, 초원, 숲속의 빈터, 자연과 더불어 사라져버렸는가?[53]

그러나 나는 되묻고 싶다. 속도가 느림의 즐거움을 앗아갔다고 생각하는가? 아니다. 오히려 진정한 속도는 느림의 즐거움을 만끽할 수 있는 여유의 모태(母胎)이다. 우리에게서 느림의 즐거움을 앗아간 것은 속도 그 자체가 아니라 속도를 빙자한 우리들의 조급함이다. 진정한 속도는 그 안에 느림의 즐거움을 담아낼 수 있는 '빔〔虛〕'을 잉태하고 있음을 잊지 말자. 우리가 속도를 내는 이유는 느림을 확보하기 위해서 이다. 그리고 그 느림을 즐기기 위해서 이다. 그것이 우리가 새로 맞은 21세기, 더 나아가 새로운 밀레니엄 시대에 걸맞는 속도의 미덕이다. 그러나 여전히 우리에게 숙제는 남아 있다. 가속화된 속도를 통해 확보된 느림 속에서 과연 무엇을 할 것인지……. 그것이 문제다.

빌게이츠에게 부치는 편지

　미스터 게이츠. 얼마 전 당신이 마이크로소프트사의 최고경영자 자리를 물러난다고 전격적으로 발표했을 때 나는 그 속사정이야 어찌되었든 잘 한 일이라고 생각했습니다. 왜냐구요? 당신은 그동안 너무 빨리 왔고, 이제는 그 빠른 속도가 확보해 준 느림을 즐길 필요가 있기 때문이지요. 나는 진심으로 당신이 느림의 세계 속에 푹 잠겨보길 바랍니다. 그건 당신 자신을 위해서도 필요한 일이거니와 디지털 세상을 살아가는 모든 사람들에게도 유익한 일이 될 겁니다. 그 느림을 즐기는 가운데 당신은 재충전될 것이고 동시에 그 느림 속에서 확보된 당신의 참신한 아이디어와 상상력이 급속하게 변화하는 인터넷 환경에 걸맞는 새로운 소프트웨어를 탄생시킬 가능성이 그만큼 높아지기 때문이죠.
　당신이 응용하고 개발해 디지털 세상을 독점하다시피한 PC와 '윈도' 시스템은 날마다 변화하는 인터넷 환경을 감안할 때 다시 한 번 변화할 필요가 있습니다. PC는 그 가격이 몇 해 전보다 내렸다고는 하지만 여전히 비쌉니다. 아이들과 부인에게도 각자의 PC를 사주고 싶지만 적지 않게 부담스러운 것이 사실입니다. 그런데 우리가 이렇게 비싼 PC를 꼭 써야 하는 것은 아니지 않습니까.
　사실 우리는 PC기능의 십분의 일도 채 쓰지 않습니다. 지금의 PC에는 너무 많은 기능들이 들어 있습니다. 인터넷의 도로를 질주하는데는 스쿠터 같은 작은 오토바이면 충분합니다. 굳이 몇 톤짜리 트럭을 몰아야 할 이유는 없습니다. 그런데 지금의 PC는 몇 톤짜리 트럭과 같습니다. 그래서 타고 다니는 데는 스쿠터면 충분하다며 필요한 소프트웨어와 프로그램들을 인터넷에서 다운받아 사용료만 지불하고 쓰자는 '선마이크로시스템스'의 주장이 설득력을 갖는 것인지도 모릅니다.

사람들은 당신이 최고경영자의 자리를 물러나기로 한 결정을 놓고 여러 가지 해석을 하더군요. 미국정부와 반독점 소송을 벌이고 있는 당신이 2보 전진을 위해 1보 후퇴를 선택한 것이라고 말하는 사람들이 적지 않습니다. 일부 언론에서는 당신의 퇴진을 마이크로소프트사의 분사(分社) 이후까지 내다본 장기 포석으로 이해하기도 하더군요. 즉, 분사될 경우 개발부문은 당신이, 판매부문은 스티브 발머 신임회장이 맡아 타격을 줄이고 향후 재통합까지 노리는 전략이 밑그림으로 있다는 것이죠. 물론 당신은 '게임의 달인'이기 때문에 충분히 그럴 수 있을 것이라는 생각도 듭니다.

그러나 미스터 게이츠, 나는 이런저런 세간의 말들에는 솔직히 별반 관심이 없습니다. 아마 당신도 그럴 겁니다. 오히려 나는 당신이 지난해 출간했던 《생각의 속도》라는 책을 떠올려봅니다. 당신은 "1980년대가 질(質)의 시대요, 1990년대가 리엔지니어링의 시대였다면, 2000년대는 속도의 시대가 될 것이다"라고 말했지요. 결국 당신은 디지털 세상이 전개되면서 속도가 가치를 창출한다는 사실을 적절하게 지적한 셈입니다. 얼마 전 MIT의 폴 크루그먼 교수가 〈뉴욕타임스〉(2000년 1월 16일자)에

atom@bit

실은 칼럼에서 당신을 전격전(blitzkrieg)의 창안자 구델리안(Heinz Guderian)에 비견한 것도 당신의 속도론을 염두에 둔 것이라고 이해되더군요.

빛의 속도로 움직이는 디지털 세상에서 속도가 가치를 만들고, 돈을 만든다는 것을 이해하는 것은 그리 어렵지 않습니다. 그러나 우리가 속도를 내는 궁극적인 이유는 단지 돈을 좀더 만지기 위한 것이기보다는 여유와 느림을 확보하기 위한 것이 아닐까요. 앞으로는 그 여유와 느림을 어떻게 즐길 것이냐가 더 중요한 일이 될 겁니다. 디지털 세상은 더 많이 압축된 시간과 더 넓어진 고독의 공간을 우리에게 제공할 테니까 말이죠.

시카고 대학의 심리학·교육학 교수인 칙센트미하이(Mihaly Csikszentmihalyi)는 이렇게 말하더군요.

"우리가 삶을 꾸려나가는 방식은 아프리카 개코원숭이와 크게 다르지 않다. 개코원숭이는 일생의 삼분의 일을 잠자는데 쏟아붓는다. 그리고 깨어 있는 시간은 돌아다니기, 먹이를 구하고 먹기, 자유롭게 놀기로 삼 등분된다."

그렇습니다. 이렇게 보면, 우리는 개코원숭이와 크게 다르지 않습니다. 그런 점에서 나와 당신도 그렇게 다르지 않아 보입니다. 우리는 때로 어슬렁거리고, 입맛을 다시며, 이리저리 바람같이 지낼 필요가 분명히 있습니다. 그 느림의 시간들이 우리 안에 있는 새로움들을 발견할 수 있는 기회를 줄 테니 말입니다.

그럼 이만. 총총.

밀레니엄 뛰어넘기

　본래 밀레니엄(Millennium)이란 기독교의 종말론적 사고에서 발원한 '천년지복(千年至福)시대'를 뜻한다. 〈요한계시록〉 제20장에서 나타나듯이 "마귀와 사탄의 세력을 결박하여 가두고 하느님의 백성들이 그리스도와 더불어 천년 동안 왕노릇을 하리라"라는 천년지복의 사상에서 나온 것이다. 예수가 십자가에서 처형당한 이후 지난 2천여 년 동안 천년지복시대의 발원 시점이 끊임없이 제시되어왔다. 그러나 곧 오리라던 세상의 종말은 자꾸만 미루어진 채 메시아의 재림과 천년지복시대를 희구하는 마음도 점차 줄어들고 마침내 2000년이라는 시점이 다가오면서 사람들의 마음 속에서 '종말론(終末論)으로서의 밀레니엄'은 '역법(曆法)으로서의 밀레니엄'으로 그 의미와 성격이 바뀌어가기 시작했다. 예수 재림과 '천년지복'의 꿈을 꾸기보다는 '새로운 천년'이라는 시간적 단위가 더 관심을 끌게 된 것이다.

그런데 여기서 해묵은 문제가 재발했다. 새로운 세기, 아니 새로운 천년의 시작을 알리는 것이 "2000년이냐 아니면 2001년이냐?"라는 논쟁이었다. 이 논쟁의 불씨는 6세기경 디오니시우스 엑시구스(Dionysius Exigus)라는 수도승이 교황 요한 1세의 명령에 따라, 기원전(B.C.)과 기원후(A.D.)라는 연대기 체계를 세우는 과정에서 만들어졌다. 그는 기원전과 기원후를 예수의 탄생과 관련지어 나누면서 0년을 계산에 포함하지 않았다. 이로써 기원후의 첫 세기가 1년에서 시작함에 따라 그 처음 1백 년이 지난 다음 두 번째 세기는 수리적으로 101년에 시작되지 않으면 안 되었다. 결국 0부터 시작하지 못하고 1부터 시작한 기원후의 연대기 체계에 따라 엄격히 말해서 1999년에서 2000년으로의 전환은 여전히 20세기의 시간범주에 들게 되고 2000년에서 2001년으로의 전환이 논리적이고 수리적인 의미에서 타당한 21세기의 시작이자 새로운 밀레니엄의 시발점으로 규정되기에 이른 것이다.[54]

하지만 평범한 사람들의 감성은 1999년과 2000년의 경계넘기에 더 의미를 두었다. 세계 도처의 사람들이 새로운 밀레니엄의 도래를 경축하면서 떠들썩하게 한판 난장을 벌였음을 우리는 이미 확인했다. 그러나 교활한 자본은 마치 설날 앞에 까치설날이 있는 것처럼 2000년에서 2001년으로의 경과 지점에서도 다시 한 번 진짜(?) 밀레니엄 축제를 치르도록 유도함으로써 '더블 밀레니엄 특수'를 기대할런지도 모를 일이다.

그러나 밀레니엄의 경축일을 1999년 12월 31일에서 2000년 1

월 1일로 넘어가는 시점이라고 잡든 2000년 12월 31일에서 2001년 1월 1일로 넘어가는 시점이라고 잡든 그 어느 것도 결과적으로는 작위적일 뿐이다. 굳이 그 이유를 밝히자면 이렇다. 첫째는 기원전과 기원후를 나누는 기준이었던 예수의 탄생 시점이 지금 쓰이고 있는 연대기와 맞지 않는다는 역사적 사실 때문이다. 예수의 탄생 시점은 기원후 1년이 아니라 기원전 4년에 더 가깝다. 왜냐하면 기원전 4년에 죽은 헤롯왕과 예수의 생존 기간이 얼마간은 겹쳐져야 역사적으로든 성서적으로든 이야기가 되기 때문이다. 따라서 예수의 실제 탄생년을 기점으로 계산하려는 서력기원(西曆紀元)의 본래 의도대로 보자면, 예수 탄생 후 2천 번째 되는 해는 지난 1996~1997년의 경계연도에 이미 지나간 것이 된다. 따라서 서력기원의 본래 의도대로 하자면 우리는 이미 몇 년째 새로운 밀레니엄을 살고 있는 셈이다.

아니, 시간을 지우다니?

문제는 여기서 그치지 않는다. 교황 그레고리우스 13세는 칙령을 통해, 1582년 10월 5일부터 14일까지의 열흘을 달력에서 아예 삭제해버렸다. 아니 시간을 지우다니? 도대체 그것이 지워질 수 있는 것이었던가? 그랬다. 만들 수도 있고 지울 수도 있는 것이 연대기 속의 시간이었다. 그 이유를 살펴보면 지난 연말 온 세계가 흥분을 감추지 못했던 밀레니엄의 초읽기가 얼마나 작위적이고 발작적이었던가를 알 수 있다.

기원전 45년에 율리우스 시저(Julius Caesar)는 1년을 365일로 산정하고 4년에 한 번씩 윤년을 두어 366일로 하는 율리우스력(曆)을 만들었다. 그러나 지구가 태양 주위를 한 바퀴 도는 공전 시간으로 산정된 365.242199……일을 365일로 함으로써 남은 시간은 1년에 11분 정도의 오차 시간을 만들고 말았다. 이러한 오차 시간이 율리우스력 초기에는 아무런 문제가 되지 않았지만, 첫 번째 천년을 경과하면서 7일의 오차일수가 발생하고 말았다. 이것은 특히 '춘분이 지나고 처음 맞는 보름날 뒤의 첫 번째 일요일'을 부활절로 삼던 기독교인들에겐 날짜 계산을 종잡을 수 없게 만들고 말았다. 결국 기독교 최대의 명절인 부활절의 날짜 계산을 정확하게 하기 위해 율리우스력을 고칠 필요를 절감했던 교황 그레고리우스 13세는 예수회 출신의 수학자였던 크리스토퍼 클라비우스(Christopher Clavius)에게 해결책을 제시하도록 했다. 1578년 이 연구에 착수한 클라비우스는 4년여의 고심 끝에 실제 태양년에 비해서 10일이나 앞서가고 있던 율리우스력에서 열흘을 아예 없애버리자는 가히 혁명적인(?) 해결 방안을 내놓았다. 교황 그레고리우스 13세는 이 해결책을 받아들여 1582년 2월 24일에 교황교서를 통해 공포했다. 이것이 오늘날까지 우리가 사용하고 있는 그레고리력(曆)이다.[55]

물론 클라비우스의 해결책은 여기서 그치지 않았다. 매 4년마다 한 번씩 넣었던 윤년을 클라비우스는 1백 년마다 찾아오는 세기의 경계연도에서는 생략해버렸다. 동시에 그 세기의 경계연도가 4백으로 나누어지는 때에는 경계연도일지라도 윤년을 넣도록 했다. 이런 덧셈, 뺄셈의 수완 덕택에 율리우스력을 대신한 그레고리력과 실제 태양력 사이에는 매년 단지 25.96초밖에는 오차가 나지 않게 되었고 이것은 2천8백 년에 하루 정도를 정정하면 만사가 해결될 수 있을 정도로 개선된 것이었다.

그러나 이런 점들을 통해 볼 때, 우리가 지난 몇 해 동안 전광판을 세워놓고 초읽기를 해왔던 세 번째 밀레니엄의 '근엄한(?) 날짜신상(神像)들'이란 것이 서력(西曆) 연대기의 작성 이후 덧셈과 뺄셈으로 덧칠된 매우 임의적인 수리적 관계의 신비화된 표현일 뿐임을 알 수 있다. 나아가 모든 것을 끊임없이 질서화, 수량화시켜야 직성이 풀리는 인간문명, 아니 엄밀히 말하자면 서구문명의 오랜 강박증의 한 단면을 드러내는 것이기도 하다.

또 다른 역법의 세계들도 있다

지금은 서력기원, 즉 예수의 탄생을 기점으로 잡는 연대기 작

아즈텍 시계.
인류 연대기의 작성법은 문화적 토양에 따라 매우 다양하게 형성돼왔다. 문화의 다양성은 곧 역법의 차이를 배태하고 있었다.

성법이 범지구적 수준에서 보편성을 획득한 듯이 보이지만 사실 인류연대기의 작성법은 문화적 토양에 따라 매우 다양하게 형성돼왔다. 미국의 저널리스트이자 작가인 데이비드 유잉 던컨(David Ewing Duncan)의 《역법의 역사 The History of Calendar》라는 책의 첫머리는 이렇게 시작된다.[56]

예수님이 실제로는 BC 4년경에 태어났다고 한다면 서기 1997년이 서기 2000년이었다. 이것을 다른 역법으로 환산하면 이렇다.

옛날 로마력으로는	2753년
고대 바빌로니아 달력으로는	2749년
최초의 이집트 달력으로부터 계산하면	6239년
유대력으로 계산하면	5760년
이슬람교 달력으로 계산하면	1420년
페르시아 달력으로 계산하면	1378년
이집트 콥트 교회의 달력으로 계산하면	1716년
불기(佛紀)로 계산하면	2544년
마야의 대순환에서 계산하면	5119년
프랑스 혁명력으로 계산하면	208년
중국식 간지로 하면	'용띠 해'

사실상 이렇게 본다면 세 번째 천년을 맞이한다는 범지구적 소란 속의 '밀레니엄' 신드롬은 서구 기독교 문명체계에서나 가능

한 것이지 결코 그것이 모든 문화와 문명체계를 가로질러서 통용될 수 있는 것이 아니다. 그럼에도 불구하고 밀레니엄 신드롬은 이미 전지구적인 수준에서 우리의 이목을 끌었고 그 자체로 또 하나의 거대한 시장을 형성하고 있다. 우리나라도 예외가 아니다. 각 언론사마다 앞다투어 밀레니엄 관련 위원회를 만들었고 정부 역시 마찬가지였다. 신문에서나 방송에서나 밀레니엄 간판이 홍수처럼 내걸렸고, 밀레니엄 특수를 놓치지 않으려는 세속의 발버둥 속에서 '밀레니엄 베이비'가 태어났다. 더구나 기업에서는 '밀레니엄 프론티어', '밀레니엄 드림' 등으로 스스로의 캐치 프레이즈를 내걸며 밀레니엄 특수시장을 선점하기 위해 출항한 지 오래였다. 글로벌 체제 하에서 밀레니엄은 또 하나의 범지구적 장사의 선전구호요 범지구적 자본의 이미지 메이커가 되고 있었음이 분명했다.

그렇다면 우리는 이 새로운 밀레니엄을 어떻게 받아들여야 할까? 그저 남들이 떠드는 장사와 자본의 논리로만 받아들일 수는 없지 않은가. 더구나 반드시 서구 기독교의 역법상의 의미로만 받아들여야 할 이유도 없지 않은가. 서구 기독교의 범지구적 독점 형태의 역법 논리를 떠나 밀레니엄을 어떤 변화라는 흐름의 중대한 분기점으로 받아들일 요량이라면 최소한 어떤 변화가 우리 주변에서 일어나고 있는지 생각해보아야 하지 않을까? 설사 서력기원을 오늘날의 보편화된 역법으로 인정하더라도 그 역법의 체계 안에서 일어나는 천년 분기의 중대한 사건에 대해서는 남의 시각이 아닌 자기 나름의 시각으로 새로운 의미를 부여해야 하지 않

atom@bit

을까?

　밀레니엄 신드롬이 안고 있는 역법상의 오류나 모순, 그리고 여전히 그 바탕에 깔려 있는 서구중심적 세계관 내지 시간관의 문제에도 불구하고 밀레니엄이라는 화두는 엄연한 현실 속에서 범지구적 논의의 범주를 구축하고 있다. 여기에 좀더 능동적이고 적극적인 대응과 대처가 필요함은 물론이다. 그런 의미에서 먼저, 내가 제안하고 싶은 것은 서구 기독교의 천년지복설에 근거한 밀레니엄 논의만이 아니라 동양적 세계관에 입각한 밀레니엄 논의도 가능하고 또 필요하다는 것이다. 이를테면 동양적 세계관을 사실상 틀지워왔다고 해도 과언이 아닌 주자학의 출현이 대략 천년의 시간을 경과해오고 있지 않은가? 따라서 동양적 밀레니엄의 레토릭에서는 지난 천년 동안 우리의 생활을 명실상부하게 규정해왔다고 할 수 있는 주자학적 세계관의 출현과 전개, 그리고 그것의 현재적 의미에 대한 재검토가 반드시 있어야 할 것이다. 좋든 싫든 혹은 긍정하든 부정하든 이 주자학적 세계관은 우리의 인식과 삶을 어떤 형태로든 규정해왔다. 따라서 주자학적 세계관을 근거로 한 지난 천년 세월의 의미를 좀더 발본적으로 재검토하면서 새로 맞이한 밀레니엄을 바라보는 것도 매우 의미있는 일이 될 것이다.

■에필로그

열 가지 변화의 큰 흐름을 읽는다

프로메테우스의 시대는 지났다. 이제는 진정 가이아의 시대이다. 종래의 국가는 지배하고 군림했지만, 미래의 국가는 서비스할 뿐이다. 지식은 논리(logic)와 형식(form)을 중시하는 하드웨어 형태에서 감성(sense)과 컨텐츠(contents)를 중시하는 소프트웨어 형태로 변하고 있다. 돈은 뱅킹 머니에서 전산망을 타고 휘몰아다니는 일렉트로닉 후로잉 머니로 변한 지 오래이다. 학교는 단지 가르치고 배우면서 준비하는 곳에서 조인트 벤처(joint venture), 즉 모험을 합작하는 곳으로 변한다. 몸 또한 한 번 형성되면 그만인 것에서 업그레이드할 수 있는 것으로 변하고 있다. 이제까지는 하나의 시계 아래 모두가 살았지만 앞으로는 각자의 시계 아래 각각 살 것이다. 우리 일상은 더 이상 현실 공간(real-space)에 국한되지 않고 가상 공간(cyber-space)을 통해 더 확장된다. 사이버 워크(cyber work)가 물리적 노동(phisical work)을 점점 더 많이 대체하는 가운데 전쟁 역시 물리전(phisical warfare)에서 사이버전(cyber warfare)으로 중심 이동을 하고 있다. 누구도 이 변화들을 멈출 수 없다.

atom@bit

첫째, 지구가 변한다 from Prometheus to Gaia

지난 시대가 인류에게 불을 훔쳐다준 프로메테우스의 시대였다면, 새로 맞이한 시대는 대지의 여신으로 상징되는 가이아의 시대이다. 러브록(J. E. Lovelock)의 말처럼 지구는 살아 있는 유기체이다.[57] 그는 지구 자체의 밸런스 시스템을 희랍신화에 등장하는 대지의 여신 이름을 따서 '가이아'라고 불렀다. 그러나 가이아가 파괴되고 생명체로서의 지구가 신음하고 있음을 우리는 이미 체감하고 있다. 따라서 21세기, 더 나아가 새로운 밀레니엄 문명은 급변하는 지구환경의 생태 밸런스를 회복하는 일부터 시작하지 않으면 안 된다.

둘째, 국가가 변한다 from governing to servicing

종래의 국가는 지배하고 군림했지만, 미래의 국가는 서비스할 뿐이다. 국가가 서비스 기능을 포기한다면 그 국가는 사라질 것이다. 폴 케네디(Paul Kennedy)는 오늘날 우리가 직면하는 환경·경제·안보·정치·문화 등의 갖가지 문제들이 더 이상 국민국가 단위에서 해결될 성질의 것이 아니라고 말한다.[58] 클린턴 1기 행정부의 노동장관을 역임했던 로버트 라이히(Robert B. Reich) 역시 한 국가의 국민들이 한 배를 탄 경제운명공동체라는 생각 자체가 이제는 허구라고 말한다.[59] 지난 시대의 사람들은 개인의 부와 경쟁력이 국가의 부와 경쟁력에 의존한다고 생각해왔다. 그러나 앞으로는 개인의 경쟁력이 국가의 경쟁력을 대체할 것이다. 국가는 다만 개인의 경쟁력이 방해받지 않도록 제반 서비스를 해줄 뿐이다.

셋째, 지식이 변한다 from logic & form to sense & content
지난 시대의 지식이 논리(logic)와 형식(form)을 중시하는 하드웨어 형태였다면, 새로 맞이한 시대의 지식은 감성(sense)과 컨텐츠(contents)을 중시하는 소프트웨어 형태라고 할 수 있다. 논리와 형식 중심의 지식은 컴퓨터와 데이터 베이스가 대체할 것이다. 따라서 그런 종래의 지식은 습득(learning)의 대상이 아니라 접근(access)의 대상이 될 뿐이다. 그러나 감성과 컨텐츠 중심의 지식은 그 자체가 컨텐츠웨어를 형성하면서 새로운 부가가치의 창출처가 된다. 아울러 이런 새로운 지식은 주입하거나 획득되는 것이기보다는 놀이를 통해 자연스럽게 익히고 스며드는 것이 될 것이다.

넷째, 돈이 변한다 from banking money to electronic-flowing money
지난 시대의 돈이 가시적으로 쌓이고 집적되는 특성을 가진 뱅킹 머니였다면, 새로 맞이한 시대의 돈은 비(非)가시적으로 온라인망을 타고 휘몰아다니는 일렉트로닉 후로잉 머니의 성격을 더욱 강하게 띨 것이다. 동구 블럭의 붕괴와 소련의 해체, 그리고 중국의 개혁·개방 등 냉전 종식 후 사회주의권의 25억 인구가 새로 시장경제권에 편입함으로써 '돈', 즉 자본에 대한 수요가 비약적으로 늘어났고 이로 인해 이동성 강한 금융자본이 그 어느 때보다 가공할 위력을 발휘하고 있다. 몇 해 전 사실상의 세계은행인 미국연방준비이사회의 앨런 그린스펀 이사장은 "지금 세계금융시장은 칸막이 없는 거대한 유조선과 같다. 한 쪽에 구멍이 뚫리면 전체가 침몰할 위험이 있다"라고 경고했었다. 지금 그 경고는 현실로 드러나고 있다. 특히 지구 각지로 뻗어 있는 온라인망을 타고 휘젓고 다니는, 사이버 머니(cyber money)화되어버린 투기성 이동자본의 급증은 자본주의의 미래를 불안하게 만들고 있다.

다섯째, 학교가 변한다 from learning to joint venture

지난 시대의 학교는 가르치고 배우면서 준비하는 곳이었다. 그러나 새로 맞이한 시대의 학교는 단지 준비의 마당이 아니라, 직접 시도하는 조인트 벤처(joint venture), 즉 모험합작의 매개장이 될 것이다. 전후 베이비 붐 세대가 은퇴하는 2010년께 가서는 범지구적으로 노동력 부족 현상이 나타나 인력의 고(高)기술화·초(超)정보화·다(多)용도화·범(凡)지구화가 불가피할 것이다. 이에 따라 선진국에서는 이미 각급 학교의 교육 내용을 대폭적으로 바꾸고 있다. 세분된 전공을 없애고 다양하고 폭넓게 유연성 있는 지식응용방법을 가르치자는 것이 교육 컨텐츠 개혁의 핵심 방향이다. 아울러 여성 인력의 사회 진출이 폭증할 것으로 예상되는 가운데 새로 맞이한 시대에는 여성 교육에 성공하느냐의 여부가 교육의 승패를 좌우할 것이다.

여섯째, 몸이 변한다 from human body to cyborg

지난 시대에 몸은 오직 한 번 성장하고 형성되면 그만이었다. 그러나 새 시대에는 몸도 업그레이드할 수 있다. 바디 업그레이드(body upgrade)가 그것이다. 이런 의미에서 사이보그(cyborg)로의 길이 열린 셈이다. 시황제도 할 수 없었던 불로장생의 꿈을 새 시대에는 약간의 돈으로도 육체적인 노쇠 현상을 늦추고 늙은 신체를 젊게 업그레이드하는 방식으로 이루어갈 것이다. 이미 선진국의 50대와 60대 부유층 사이에서는 노화된 장기를 교체하는 바디 업그레이드 수술과 노화현상을 억제하는 호르몬 요법의 시술이 확대되고 있다. 이 신판 불로장생술은 유전공학과 생명과학의 발전으로 가능해질 수 있었다. 그러나 인공적으로 젊어질 수 있는 육체에 비해 뇌의 기능이나 정서 등 정신의 영역을 젊게 하는 의학적 요법은 아직 미개척 상태에 있다. 그래서 바디 업그레이드를 한 노년층들 중에는 젊어진 육체와 여전히 늙은 상태의 마음 사이의 불균형에서 오는 신종 노이로제가 심각한 사회적 질병으로 등장할 것이라는 비관적인 전망도 나오고 있다.

일곱째, 시간이 변한다 from managed time to creative time

지난 시대에는 하나의 시계 아래 모두가 살았다. 새로 맞이한 시대에는 각자의 시계 아래 각각 살 것이다. 같은 시간에 출근해서 같은 시간에 퇴근하는 이른바 나인 투 파이브(9 to 5)의 관리된 시간 관념은 무너지고 내가 스스로 일할 때를 정해서 근무 시간을 할당하는 식의 시간 관념이 보편화될 것이다. 이제까지의 시간은 하루 24시간, 1년 365일이라는 도식 속에서 쳇바퀴 돌듯 관리된 시간(managed time)이었다. 그러나 새로운 시대에는 디지털화되고 네트워크화되어 광속도로 이루어지는 일과 소통(커뮤니케이션)을 통해 저장되고 창출된 시간(creative time)이 나올 것이다.

내가 필요한 만큼의 시간만을 쓰고 마는 것이 아니라 시간을 저장해서 팔고 사는 일이 있게 될 것이다. 이제 시간이 새로운 자본으로 등장할 것이다.

여덟째, 공간이 변한다 from real-space to cyber-space/from inner-space to outer-space/from macro-space to micro-space

지난 시대에 우리의 주된 공간은 현실 공간(real-space)이었다. 그러나 새로 맞이한 시대에 우리의 생활은 가상 공간(cyber-space)을 통해 더 확장될 것이다. 지난 15~16세기 지리상의 대발견을 통해 팽창하기 시작했던 공간 감각이 제국주의 시대를 정점으로 축소하기 시작해 20세기 후반을 거치면서 지구를 하나의 촌락으로 만든 미디어 혁명을 거쳐 이제는 인터넷상의 한 점으로 응축되고 압축되기에 이르렀다. 인터넷 같은 가상 공간에서의 빈번한 '전자적 위치 이동'은 사람들의 공간 감각 자체를 팽창에서 압축으로 전환시킨 셈이다. 아울러 지난 시대에 우리는 우주로 첫발을 내디뎠다. 새로 맞이한 시대에 우리는 미지의 우주 공간으로 더욱더 가속적인 확장을 시도할 것이다. 그럼으로써 우리는 지구 안의 공간(inner-space) 시대에서 지구 밖의 공간(outer-space) 시대로 옮아갈 것이다. 또한 우리는 생명과 유전자의 비밀에 접근하기 위해 우리의 눈을 외부의 거시 공간(macro-space)에서 내부의 미시 공간(micro-space)으로 더 깊이 옮겨놓고 있다.

아홉째, 일이 변한다 from phisical work to cyber work

1912년에는 T형 포드 자동차 한 대를 만들기 위해 4,664시간의 단위시간 노동력이 필요했다. 그러나 오늘날 컴퓨터는 생산과정에서 인간의 물리적 노동력을 체계적으로 제거해가고 있다. 제레미 리프킨(Jeremy Rifkin)은 《노동의 종말 The End of Work》[60]이란 책에서 물리적 노동(phisical work)의 종말과 사이버 워크(cyber work)의 출현을 이야기했다. 지난 시대처럼 '몸을 움직이고 손이 수고해야' 무엇인가를 수확할 수 있다는 고전적 노동의 공식은 무너졌다. 새로 맞이한 시대에는 '마음을 움직이고 머리를 써야' 부가가치를 획득할 수 있다는 새로운 일의 공식이 더욱 보편화될 것이다.

열째, 전쟁이 변한다 from physical warfare to cyber warfare
지난 시대의 전쟁은 물리전이었다. 그러나 새로 맞이한 시대의 전쟁은 사이버전으로 전개될 것이다. 전쟁사가(戰爭史家) 존 키건(John Keegan)의 말처럼 전쟁은 일종의 문화양식이다.[61] 인류의 삶 전반이 사이버 환경으로 폭넓게 진입하는 이 시대에 전쟁 역시 사이버전의 양상을 띨 것임은 그리 어렵지 않게 예측된다. 지난 91년의 걸프전은 새로 등장하는 사이버전의 예고탄이었다. 사이버 공간에서의 공격과 방어는 전혀 새로운 안보 환경을 만들 것이다. 사이버 공간의 특성상 전투 영역의 경계는 매우 불확실하고 모호하다. 극단적인 경우에는 적의 핵심 네트워크에 침투할 수 있는 해커와 프로그래머만 있어도 된다. 실제로 걸프전 당시, 유럽의 해커들은 사담 후세인에게 1백만 달러만 주면 미군의 군사

작전 능력을 무력화시켜주겠다는 제안을 한 적이 있다고 한다. 이런 점에서 존 워든(John Warden)의 말은 매우 시사적이다.

"사이버 스페이스에서의 공격 · 방어 능력 개발은 21세기의 전쟁 양태에 심대한 함의를 갖는다. 군대의 컴퓨터 · 정보 체계를 교란시키는 것은 우주에서 중력을 없애는 것과 마찬가지의 효과를 갖게 될 것이기 때문이다."

* * *

너나할것없이 변화하자고 야단이다. 변화하지 못하면 곧 죽음이라는 협박 아닌 협박을 일삼고 있는 것은 아닌가 하는 생각이 들 정도다. 실제로 우리는 변화에 대한 강박관념 속에서 살고 있다고 해도 과언이 아니다. 그러나 정작 변화는 그리 쉽지 않은 것 같다. 그렇다. 뱁새가 황새를 따라가는 것은 가랑이가 찢어지면서라도 가능은 한 일이라지만 변화를 좇아가는 일은 가랑이가 찢어져도 어림없어 보인다. 그만큼 변화라는 놈을 좇는 일은 자기 그림자를 좇는 일과 같다. 한 발 따라가면 저만큼 도망가버리는 그림자놀이처럼 변화는 내가 좇으려 하면 항상 저만큼 가 있으니 말이다.

변화를 대상화해서 바라보고 그것을 좇으려고만 하면 우리는 평생 그림자놀이만 하다 지쳐버릴 것이다. 변화를 잡으려면 아니 변화와 어우러지고 결국엔 내가 변하려면 다른 방법을 써야 한다. 변화를 좇으려고 할 것이 아니라 그와 더불어 엉켜서 놀아보는 것

아톰@비트

이다. 엉켜서 노는 것 이외에 변화와 어우러지고 내가 변할 수 있는 다른 방법은 없다. 그래야 진정으로 변한다.

변화에 대한 강박관념을 떨쳐버려라

일상 속에서 좇아가야 할 그 무엇으로 강박관념화되어버린 변화란 항상 고통스런 기억으로만 남는다. 변화를 좇아가지 못했다는 이유만으로 실직의 고통과 따돌림의 아픔을 감내해야 했던 사람이 어디 한둘인가? 아니 그것에서 완전히 자유로울 수 있는 사람이 있을까? 변화를 좇아가야 할 그 무엇으로 생각하고 이것이 강박관념처럼 되어 있다면 항상 초조하고 피곤할 수밖에 없다. 그러나 변화를 더불어 엉켜서 놀아야 할 그 무엇으로 생각하면 모든 것이 수월해지고 여유로워진다.

토니 블레어 영국 수상이 언젠가 케임브리지대학에서 전자 상거래 육성책을 발표하면서 자신이 컴맹이고 넷맹임을 실토했다. 그러면서 앞으로 인터넷을 열심히 배우겠다고 선언했다고 한다. AFP통신에 따르면 블레어 총리는 이렇게 말했다.

> 내 연배의 많은 사람들처럼 나도 컴퓨터를 거의 사용하지 않고 보좌관에 의존해왔다. 이는 극복해야 할 큰 심리적 장애다. …… 그동안 아이들이나 아내 셰리가 인터넷을 이용하는 것을 볼 때마다 나 스스로 창피하다는 생각이 들었다.

참 솔직한 고백이 아닐 수 없다. 그리고 변화를 시도함에 있어서도 토니 블레어 수상은 역시 신선했다. 그는 인터넷이 초래한 변화를 단지 좇아가야 할 그 무엇으로 강박관념화해서 의식하기보다는 친숙해져야 할 대상으로 보았음에 틀림없다. 인터넷과 친숙해지려는 자신의 굳은 결심을 증명이라도 하려는 듯, 블레어 총리는 전자 상거래 육성책을 내놓는 당일에 인터넷을 통해 꽃다발을 주문해서 아내 셰리에게 안겨주었다. 그는 진정으로 변화하기 위해서는 변화와 더불어 노는 것이 최선임을 간파한 듯하다. 만약 그가 이런 변화를 좇아가야겠다는 열의만을 앞세워 인터넷을 배운다 뭐한다 하며 요란스럽게 달려들었다면 아마도 그에게 변화로의 길은 매우 짜증스럽고 힘들며 곤혹스런 일이 되었을 것이다.

변화와 놀자, 변화를 친구 삼자

우리의 삶과 일상은 어차피 변한다. 변화하는 것은 자연스런 일이다. 그것의 속도가 빠르고 내용이 급격히 달라진다고 하지만 변화의 속성 그 자체는 변하지 않는다. 변화의 변함없는 속성은 이렇다. "변화라는 놈은 경쟁자를 원하는 것이 아니라 항상 함께 놀아줄 친구를 원한다."

세상을 앞서가고 진정한 성공의 모델을 우리에게 펼쳐보인 사람들이 끝내 숨겨온 비밀은 바로 그 변화의 변함없는 속성이었다. 이제 우리, 변화를 친구로 사귀자. 그리고 그 변화와 놀자. 그러면 어느새 우리 자신이 변화해 있음을 발견하게 될 것이다.

변화야 놀자! Playing the change!

아톰@비트

■주석

1) 성수대교 공사 현장에 무대를 설치했던 연극 〈철안 붓다Silicon Buddha〉를 연상해보라. 〈철안 붓다〉는, 복제인간들을 통해 새로운 밀레니엄 시대에 생명공학이 '과학'의 자리를 벗어나 '혁명'의 자리에 등극하는 미래의 어느 날을 보여준다.
2) Negroponte, N., *Being Digital* (New York : Alfred A. Knoph, 1995)/백욱인 역, 《디지털이다》(서울 : 커뮤니케이션북스, 1996) p. 6
3) *Ibid.*, p. 15
4) Derrida, J., *Spectres de Marx* (Paris : Editions Galilée, 1993) p. 11
5) 김종철 편, 《녹색평론선집 I》(대구 : 녹색평론사, 1993) pp. 17~18
6) 류시화 편역, 《나는 왜 너가 아니고 나인가》(서울 : 정신세계사, 1993) p. 130
7) McLuhan, T. C. (ed.), *Touch the Earth : A Self-Portrait of Indian Existence* (New York : A Touchstone Book, 1971)
8) *Ibid.*, p. 5
9) 최준석 역, 《나를 운디드 니에 묻어주오》(서울 : 프레스하우스, 1996)
10) McLuhan, *Touch the Earth*, p. 12
11) Wood, N., *Many Winters* (1974)/이종인 역, 《오늘은 죽기 좋은 날》(서울 : 시공사, 1996) p. 7
12) Glover, W., *Kokopelli : Acient Myth, Modern Icon* (Bellemont, Arizona : Canyonlands Publishing, 1995) p. 54
13) 김경온 역, 《나무를 심은 사람》(서울 : 두레, 1995) 참조.
14) 임지현 역, 《행동하는 세대》(서울 : 문학사상사, 1999)
15) 임지현 역, 《작은 실천이 세상을 바꾼다》(서울 : 문학사상사, 1999)

atom@bit

16) 대니 서의 이야기는 지난 1999년 11월 21일 KBS 〈일요스페셜〉(담당 PD 박정용/작가 홍경선)을 통해 다큐멘터리로 방송된 적이 있다.

17) 김지영 역,《시간을 지배한 사나이》(서울 : 정신세계사, 1990) pp. 34~35

18) 진형준,《상상적인 것의 인간학 : 질베르 뒤랑의 신화방법론 연구》(서울 : 문학과 지성사, 1992) pp. 41~42.

19) Kehoe, J., *Mind Power* (Tronto : Zoetic, 1987)/신양숙 역,《마음으로 한다》(서울 : 정신세계사, 1991) pp. 127~128.

20) *Ibid*.

21) Carter, J., *The Virtues of Aging* (New York : The Ballentine Books, 1998)/김은령 역,《나이 드는 것의 미덕》(서울 : 끌리오, 1999) p. 168

22) Bowie, M., *Jacques Lacan* (London : Harper Collns, 1991)/이종인 역,《라캉》(서울 : 시공사, 1999) p. 25

23) 이인철 역,《미로 : 지혜에 이르는 길》(서울 : 영림카디널, 1997)

24) 이정우 역,《구조주의와 포스트구조주의》(서울 : 새길, 1995)

25) 문아영 역,《도주론》(서울 : 민음사, 1999)

26) *National Geographic*, (Feb. 1998) cf.

27) 宮崎正勝(미야자키 마사카쓰))/이규조 역,《정화의 남해 대원정》(서울 : 일빛, 1999) 참조.

28) 박상이 역,《아르마다》(서울 : 가지 않은 길, 1997)

29) 박상이 역,《1587, 아무 일도 없었던 해》(서울 : 가지 않은 길, 1997)

30) Boorstin, D. J., *The Discoverers*, 4 Vols. (New York : Random House, 1983)/이성범 역,《발견자들 I · II》(서울 : 범양사 출판부, 1986) 참조.

31) 이병철 편저,《위대한 탐험》(서울 : 가람기획, 1997) pp. 56~61

32) Boorstin, D. J., *Cleopatra's Nose* (New York : Random House, 1994)/정영목 역,《클레오파트라의 코》(서울 : 문예출판사, 1995) pp. 18~19에서 재인용.

33) '커뮤니케이션 중심의제 시대'란 커뮤니케이션이 우리 시대를 이해하고 해명

하는 데 있어 중심의제(key agenda)로 부각됨을 강조하기 위한 표현이다. 특히 '컴퓨터와 매개·결합·융합된 커뮤니케이션 양식'의 급속한 확산과 미디어 환경의 변화는 이 시대 사람들로 하여금 어떤 형태, 어떤 계기로든 커뮤니케이션의 문제를 다시 생각하도록 자극하고 있다. 이에 빌맞춰 우리 시대의 언론은 연일 지면 위에 '정보화 사회', '멀티미디어', '뉴미디어', '초고속 정보 통신망', '사이버 스페이스', '인터넷', '디지털' 등의 용어를 요란하다 못해 현란할 정도로 쏟아놓고 있다. 비단 언론뿐만이 아니라, 인문·사회과학 일반의 인식론적 변화 지형을 보더라도 커뮤니케이션은 우리 시대의 중심의제로 부각되고 있는 것이 분명하다. 정진홍, 〈커뮤니케이션 중심의제 시대의 커뮤니케이션 연구〉,《한국언론학보》제36호 (1996, 봄) pp. 72~107 참조. 또한 지난 1997년 1월 30일 스위스 동부의 스키 휴양지 다보스에서 열린 '97 세계 경제 포럼의 중심 토의 주제 역시 '커뮤니케이션을 통한 네트워크 사회의 구축'이었다는 사실 역시 우리 시대를 커뮤니케이션 중심의제 시대라고 명명할 수 있는 근거 중의 하나다. 정진홍,《커뮤니케이션 중심의제 시대》(서울 : 지식산업사, 1998) 제14장 참조.

34) Negroponte, *Op. cit.*, p. 19

35) McLuhan, M., *Understanding Media : The Extension of Man* (New York : Mentor Books, 1964)/박정규 역,《미디어의 이해》(서울 : 박영률출판사, 1997) cf.

36) McLuhan, M. and Q. Fiore, *The Medium is the Massage* (New York : Random House, 1967)/김진홍 역,《미디어는 맛사지다》(서울 : 열화당, 1988) p. 26.

37) 〈동아일보〉1998년 2월 12일자 p. 15 참조.

38) 尙廓, 〈중국의 풍수 패턴에 대하여〉(Geomancy Pattern of Chinese),《건축사》(1994년, 5월) p. 110 참조. 한편 19세기에 중국에 나와 있던 영국 선교사 어네스트 에이텔은 풍수를 이렇게 정의했다. "그 원리와 기술이 복잡한 입지 분석의 종합적 체계이며, 자연환경에 대한 회귀하고 종합적인 개념화

체계로서, 인간 생태계를 규정짓는 지혜이다." 최창조, 〈풍수비판에 대하여〉, 《녹색평론》(1994년, 5~6월) p. 45.

39) 최창조,《땅의 논리 인간의 논리》(서울 : 민음사, 1992) p. 180 참조.

40) 장병길 역,《황금가지 I · II》(서울 : 삼성출판사, 1982) pp. I/46~48 참조.

41) 굿판의 의례적인 요소와 과정에 대해서는 열화당에서 전20권으로 출간한 '한국의 굿' 시리즈를 참고하는 것이 유익하다. 참고로 각권의 제목을 살펴보면 다음과 같다. 1. 황해도 내림굿 2. 경기도 도당굿 3. 제주도 영등굿 4. 수영포 수망굿 5. 평안도 다리굿 6. 전라도 씻김굿 7. 제주도 무혼굿 8. 함경도 망묵굿 9. 은산 별신굿 10. 옹진 배연신굿 11. 강사리 범굿 12. 제주도 심방굿 13. 양주 경사굿과 소놀이굿 14. 통영 오귀새남굿 15. 서울 부군당굿 16. 거제도 별신굿 17. 황해도 지노귀굿 18. 위도 띄뱃굿 19. 소돌 별신굿 20. 서울 지노귀굿.

42) 김인회, 〈내림굿, 성숙한 인격의 구도자로서의 전환〉,《황해도 내림굿》(서울 : 열화당, 1983) p. 85 참조.

43) Béguin, G. & D. Morel, *La cité interdite des fils du ciel* (Paris : Gallimard, 1996)/김주경 역,《자금성 : 금지된 도시》(서울 : 시공사, 1999) p. 19 하늘에서 내려다본 자금성의 전경(全景)을 보라.

44) 신재섭, 〈MPEG-4〉, http://www.etnews.co.kr/etnews/issue (1997년 12월 2일) 참조.

45) 이집트 상형문자는 가로쓰기든 세로쓰기든 상형(이를테면, 새의 모양)이 향하는 방향에서부터 읽기 시작한다. 이 법칙에 의해 좌우 어느 방향에서부터도 쓸 수 있다. 松岡正剛(마쓰오카 세이코),《情報の歷史を讀む》(東京 : NTT, 1997)/김승일 · 박관선 역,《정보의 역사를 읽는다》(서울 : 넥서스, 1998) p. 108.

46) Jacob, F., *La Souris, La Mouche et L'homme* (Paris : Editions Odile Jacob, 1997)/이정희 역《파리, 생쥐 그리고 인간》(서울 : 궁리, 1999) cf.

47) 정진홍 역,《아프리카 종교와 철학》(서울 : 현대사상사, 1979) p. 215

48) 강영규 역,《칭기즈칸》(서울 : 현실과 미래, 1998) p. 246
49) 황규만 역,《롬멜 전사록》(서울 : 일조각, 1975) pp. 271~272
50) 이규행 감역,《빌 게이츠@생각의 속도》(서울 : 청림출판, 1999) p. 15.
51) 〈조선일보〉(1998년 1월 22일자)에 실린 이민규 교수의 글에서 인용.
52) 김원희・임세윤 역,《디지털 시대의 파워 엘리트》(서울 : 황금가지, 1999) p. 33.
53) 김병욱 역,《느림》(서울 : 민음사, 1995) pp. 7~8
54) Gould, S. J., *Questioning the Millennium* (New York : Harmony Books, 1997)/김종갑 역,《새로운 천년에 대한 질문》(서울 : 생각의 나무, 1998) p. 115 cf.
55) *Ibid.*, pp. 174~178 cf.
56) 신동욱 역,《캘린더》(서울 : 씨엔씨미디어, 1990) p. 11
57) Lovelock, J. E., *GAIA : A New Look at Life on Earth* (Oxford : Oxford University Press, 1979)/홍욱희 역,《가이아 : 생명체로서의 지구》(서울 : 범양사 출판부, 1990) cf.
58) Kennedy, P., *Preparing for the Twenty-First Century* (New York : Random House, 1993)/변도은・이왈수 역,《21세기 준비》(서울 : 한국경제신문사, 1993) cf.
59) Reich, R. B., *The Work of Nations : Preparing Ourselves for 21st-Century Capitalism* (New York : Alfred A. Knopf, 1993) cf.
60) Rifkin, J., *The End of Work : The Decline of the Global Labor Force and the Dawn of the Post-Market Era* (1994)/이영호 역,《노동의 종말》(서울 : 민음사, 1996) cf.
61) Keegan, J., *A History of Warfare* (1993)/유병진 역,《세계전쟁사》(서울 : 까치, 1996) cf.

atom@bit

푸른숲의 시

그대 굳이 사랑하지 않아도 좋다
이정하 시집/신4·6판/104쪽
이루어질 수 없는 사랑에 때론 아파하고 때론 절망하는 마음을 서정적인 감성으로 그린 시집.

너는 눈부시지만 나는 눈물겹다
'96 '97 '98 시부문 전국 베스트셀러
이정하 시집/신4·6판/104쪽
사랑의 애잔한 아픔과 그 속에 깃든 사랑의 힘을 섬세하게 풀어쓴 시집.

그대가 곁에 있어도 나는 그대가 그립다
8년 연속 전국 베스트셀러
류시화 시집/신4·6판/112쪽
뛰어난 서정성과 환상적 이미지로 삶의 비밀을 섬세하게 풀어낸 류시화 시집.

그대에게 가고 싶다
7년 연속 전국 베스트셀러
안도현 시집/신4·6판/98쪽/값 3,000원
가슴 아픈 사랑의 마음을 그린 서정시집.

그대 거침없는 사랑
5년 연속 전국 베스트셀러
김용택 시집/신4·6판/108쪽
〈섬진강〉의 시인 김용택이, 소박하고 꾸밈없는 목소리로 사랑의 경건함과 따사로움, 사랑의 순정함을 노래한다.

아름다운 사람 하나
'97년 시부문 베스트셀러
고정희 시집/신4·6판/144쪽
고통스러우면서도 절실한 사랑의 감정을 통해 성숙해가는 이를 그린 서정시집.

푸른숲의 소설

허균, 최후의 19일
김탁환 장편소설/신국판/전2권
이 땅의 역사를 바꾸고자 했던 사내 허균, 그의 야망과 고독, 그리고 눈물을 읽는다.

누가 내 애인을 사랑했을까
김탁환 장편소설/신국판/264쪽
이 시대 청춘들의 치명적인 삶과 사랑을 작가 특유의 발랄하지만, 슬픔어린 문체로 이야기하는 연작 장편.

세상에서 제일 잘생긴 익사체
마르케스 外/신국판/300쪽
지난 반세기 서구 단편문학의 풍성한 줄기를 한눈에 살필 수 있는 소설집. 〈플레이 보이〉지에 실렸던 수백 편의 작품들 중 문학성과 재미를 두루 갖춘 열 편을 엄선하여 실었다.

봉순이 언니
공지영 장편소설/신국판/216쪽
60~70년대 고도성장의 뒷골목에서 한없이 추락하면서도 삶에 대한 낙관을 포기하지 않는 주인공을 통해 끝끝내 포기할 수 없는 '희망'의 메시지를 건져올린 공지영의 장편소설.

무소의 뿔처럼 혼자서 가라
공지영 장편소설/신국판/332쪽

더 이상 아름다운 방황은 없다
공지영 장편소설/신국판/364쪽

그리고, 그들의 아름다운 시작
공지영 장편소설/신국판/전2권

허삼관 매혈기
'99 출판인회의 '이달의 좋은책' 선정도서 / '99 중앙일보 좋은책 100선 선정도서
위화(余華) 장편소설/신국판/348쪽
《살아간다는 것》에 이어 소개되는 중국 제3세대 소설가 위화의 장편소설. 출간 직후부터 지금까지 중국 최고의 베스트셀러가 된 문제작으로 독일·이탈리아·프랑스 등에서 출간돼 격찬을 받았다.

살아간다는 것
위화(余華) 장편소설/신국판/312쪽

광야에서
윤영수 장편소설/신국판/전3권

푸른숲의 에세이

우리는 다시 만나기 위해 태어났다
잭 캔필드·마크 빅터 한센/류시화 옮김/신국판/236쪽
어린 연인들의 간절한 사랑에서부터 노년의 잔잔한 사랑까지, 때로는 죽음을 넘어서고, 때로는 신의 손길에 이끌리면서 영혼의 동반자를 만나 사랑하는 모습이 한 편 한 편마다 아름답고 신비롭게 그려져 있다.

영혼을 위한 닭고기 수프
잭 캔필드·마크 빅터 한센/류시화 옮김/신국판/전2권
살아가면서 잃어버리기 쉬운 꿈과 행복을 어떻게 지키며 살아가야 하는가를 보여주는 1백여 편의 감동적인 이야기.

삶이 나에게 가르쳐준 것들
류시화 명상 에세이/국판 양장본/228쪽
삶을 찾아 끊임없이 헤매어다닌 긴 여행길의 이야기들을 내적인 체험과 다양하고 재미있는 우화 사이를 넘나들면서 류시화 특유의 바람결 같은 문체로 이끌어가고 있다.

간절히@두려움 없이
전여옥 지음/신국판/352쪽
한 세기를 넘어 새 천년이라는 거센 변화의 파도를 어떻게 맞이할 것인가를 주제로 쓴 에세이.

여성이여, 느껴라 탐험하라
전여옥·임정애 에세이/신국판/372쪽
우리 사회의 성차별과 남성 우위의 의식구조에 문제의식을 갖고서, 억압되어 온 여성의 성(性)문제를 조명하였다.

바람의 딸, 우리 땅에 서다
한비야 지음/신국판/312쪽/값 7,900원
바람의 딸 한비야가 800km에 이르는 우리 땅을 두 발로 걸어다니며 쓴 49일 간의 여행기. 이 땅을 걷는 한 걸음 한 걸음에는 길 위에서 체득한 여행 철학과 삶의 깨달음이 배어 있다.

헤르만 헤세의 인도 여행
이인웅·백인옥 옮김/변형 4·6판 양장본/652쪽
헤세가 서른네 살의 나이에 어린 시절부터 꿈꾸던 동경의 대상이자 영혼의 본향(本鄕)인 인도를 여행하고 쓴 기록.

도스토예프스키의 유럽 인상기
도스토예프스키/이길주 옮김/변형 4·6판 양장본/408쪽
혁명 지식인 그룹과의 교류로 정치범으로 체포되어 10여 년간의 시베리아 유형과 강제적인 복역 근무를 마치고 돌아온 작가가 1860, 1870년대 독일, 영국, 프랑스, 이탈리아, 스위스 등 서구 유럽 사회를 여행하며 남긴 기록.

괴테의 이탈리아 기행
괴테/박영구 옮김/변형 4·6판 양장본/720쪽
저명한 작가이자 바이마르 공국의 정치가로서 명성을 떨치고 있었던 독일의 대문호 괴테가 자신의 문학적 상상력을 옭죄는 궁정생활을 탈출하여, 베네치아·피렌체·로마·나폴리·시칠리아 등 이탈리아 전역을 여행하며 남긴 기록.

김동수의 핸드백엔 먹을 것이 가득하다
김동수 지음/신국판/268쪽

지상에서 사라져가는 사람들
김병호 外/국판 양장본/280쪽

벌거벗은 문화 체험
김병호 지음/신국판/240쪽

인간적인 것과의 재회
박호성 지음/국판 양장본/268쪽

여성이여 테러리스트가 돼라
전여옥 에세이/신국판/384쪽

성격대로 살아가기
김정일 심리 에세이/변형 국판 양장본/280쪽

아하, 프로이트
김정일 심리 에세이/신국판/전2권

어떻게 태어난 인생인데!
김정일 심리 에세이/신국판/340쪽

푸른숲의 인문·사회과학

문화적인 것과 인간적인 것
김용석 지음/변형 국판 양장본/400쪽
현대 문화의 특성을 다차원적으로 조명하는 철학 에세이. 오늘날 우리 삶에서 문화의 핵심적 의미를 반영하는 '현대적 사건'들을 섬세하게 분석하고 있다.

동양과 서양, 그리고 미학
장파(張法)/유중하 外 옮김/변형국판 양장본/592쪽
동서양 미학의 태동과 서로 다른 변천 과정을 철학적, 종교적, 문화사적 관점에서 조명한 중국 장파 교수의 대표적 저서.

인문학의 위기
백원담 편역/신국판/344쪽
자본주의와 사회주의의 공존 속에서 '인간'에 대한 새로운 인식을 촉구하는 중국 지식인들의 '인문정신 논쟁'.

종말
데미안 톰슨/이종인·이영아 옮김/신국판/440쪽
기독교 종말론의 역사와 20세기 말 현재 전세계 종말신앙의 전개와 실태, 사회적·심리적 원인을 다룬 종교사회학서.

이탈리아 르네상스의 문화
야콥 부르크하르트/안인희 옮김/변형 국판 양장본/756쪽
19세기의 빛나는 역사가 부르크하르트가 남긴 문화사 최고의 고전(古典). 14세기부터 16세기까지의 이탈리아 문화 전체를 종횡으로 들여다보며 현대인의 기원과 '개인'이라는 의식의 생성 과정에 대한 답변을 모색한다.

지혜로 읽는 史記
'99 간행물윤리위원회 읽을 만한 책 선정도서
김영수 지음/신국판/328쪽
살아 있는 인류의 백과전서 《사기》의 백미 '열전'에 등장하는 인물을 추적, 그들의 행적을 통해 역사와 시대를 살다간 사람들의 참 멋과 통치의 지혜를 생각하게 한다.

아서 니호프 교수의 사람의 역사
'99 중앙일보 좋은책 100선 선정도서
'99 교보문고 좋은책 선정도서
아서 니호프/남경태 옮김/신국판/전2권
인류학적 상상력과 역사적 사실, 흥미로운 공상 과학을 넘나들며 입체적으로 재현한 인간의 문화와 역사. 선사시대에서 우주시대까지 5백만 년의 시간을 살아온 인간들의 생생한 삶과 마음을 읽는다.

진화의 미래
크리스토퍼 윌스/이충호 옮김/신국판/408쪽
2백만 년 전 인류가 현재의 인류로 어떻게 진화해왔고 또한 미래엔 어떻게 진화해갈 것인지를 다양한 분야의 과학적 사실과 설득력 있는 실험을 통해 제시하는 진화학서.

2000년, 이 땅에 사는 나는 누구인가
이진우 外/신국판/324쪽
2000년을 눈앞에둔 전환의 시기에 한국의 지식인 23명의 자기성찰과 메시지를 담은 책.

모래땅의 사계
알도 레오폴드/윤여창·이상원 옮김/신국판/292쪽
초기 환경운동의 선구자이자, 환경학자, 생태학자로서 현장에서 헌신적으로 운동을 추진했던 알도 레오폴드의 자연 에세이. 미국 환경보호운동의 이론적 기초를 제공한 고전으로 자리잡은 책.

츠바이크의 발자크 평전
슈테판 츠바이크/안인희 옮김/변형 4·6판 양장본/692쪽
소설보다 더 극적이고 파란만장한 발자크의 삶과 문학을 생생하게 그려낸 슈테판 츠바이크 최후의 걸작. 자기 시대 인간 군상의 모습을 가장 적나라하게 보여준 위대한 작가의 내면세계가 입체적으로 그려져 있다.

이야기 세계의 신화
에이미 크루즈/배경화 편역/신국판/320쪽

도도의 노래
'98 언론노동조합연맹 선정 올해의 책
'99 중앙일보 좋은책 100선 선정도서
데이비드 쾀멘/이충호 옮김/신국판/전2권
진화와 멸종을 연구하는 섬 생물지리학의 모든 역사와 진화의 비밀, 지구상에서 일어난 멸종의 사례, 그리고 자연 파괴의 현장에서 멸종을 막으려는 사람들의 노력을 흥미진진하게 풀어간 책.

히틀러 평전
한겨레신문 '98 상반기 추천도서
요아힘 C. 페스트/안인희 옮김/변형 국판 양장본/전2권
히틀러 평전의 결정판. 철저한 고증, 균형잡힌 시각으로 서술한 평전의 모범으로, 한 인물의 전기를 넘어서 그 시대의 역사를 폭넓고 깊이 있게 다루고 있다.

권력장
곽존복/김영수 옮김/신국판 양장본/484쪽
중국 역사 속에 나타난 다양한 권력행사 유형을 통해 권력의 본질과 올바른 권력행사 방법을 제시하는 역사서.

박정희를 넘어서
한국정치연구회 편/신국판/416쪽
한국정치연구회의 젊은 소장학자들이 그 동안의 연구 성과를 토대로 집필한 이 연구서는 박정희 신드롬, 박정희 시대의 정치, 박정희 시대의 산업화, 박정희 시대의 외교를 객관적·역사적으로 다루고 있다.

문명의 기둥
'97 교보문고 좋은 책 선정도서
곤도 히데오 外/양억관 편역/신국판/268쪽
전설 속의 대륙 아틀란티스와 레무리아에서부터 수메르, 메소포타미아, 이집트, 고대 에게해의 문명국들, 아메리카의 잉카 제국, 중국의 황허 문명, 인도의 갠지스 문명에 이르기까지 세계의 고대 문명을 총괄한 고대 문명 입문서.

최초의 인간 루시
'96 한국 간행물윤리위원회 서평도서
도널드 요한슨·메이틀랜드 에디/이충호 옮김/신국판/464쪽
1974년 에티오피아에서 발견된 '최초의 인간 루시'를 통해 인류진화 과정을 설명하는 이 책은, 고인류학의 태동에서부터 인류학사에 중요하고 재미있는 사건을 총망라하여 상세하고도 흥미롭게 다루고 있다.

한 권으로 읽는 융
E. A. 베넷/김형섭 옮김/신국판/240쪽

한 권으로 읽는 프로이트
D. S. 클라크/최창호 옮김/신국판/276쪽

우리 역사를 움직인 33가지 철학
황훈영 지음/신국판/336쪽
단군신화에서부터 토테미즘, 삼신할매 등의 신

화를 비롯, 원효 지눌 등 불교와 미륵 사상을 거쳐 개화 사상과 동학, 사상의학 등에 담긴 철학의 내용을 알기 쉽게 풀어쓴 교양서.

우리 역사를 읽는 33가지 테마
'97 교보문고 청소년 권장도서
우윤 지음/신국판/360쪽

정치·문화·학문·생활 등 33가지 주제를 통해 우리 역사 전반을 분석한 책. 역사학자로서의 전문성과 흥미로운 서술방식을 갖춘 역사서.

푸른숲 필로소피아 총서

탈주의 공간을 위하여
서울사회과학연구소 편/신국판 양장본/388쪽

야만적 별종
안토니오 네그리/윤수종 옮김/신국판 양장본/472쪽

근대적 시·공간의 탄생
이진경 지음/신국판 양장본/180쪽

니체와 해석의 문제
앨런 슈리프트/박규현 옮김/신국판 양장본/356쪽

분자 혁명
펠릭스 가타리/윤수종 옮김/신국판 양장본/468쪽

반항의 의미와 무의미
줄리아 크리스테바/유복렬 옮김/신국판 양장본/472쪽

마르크스의 정치이론
최형익 지음/신국판 양장본/336쪽

푸른 역사

발굴과 해독
C.W. 세람/오홍식 옮김/신국판/340쪽

고대 최강대국 히타이트 제국의 실체가 학자들에 의해 밝혀지는 100년 동안의 과정이 기록되어 있다.

20세기 사학사
조지 이거스/임상우·김기봉 옮김/변형 국판/272쪽

20세기 서양 역사서술의 흐름과 경향을 분석·진단하여 위기에 선 역사학의 전망을 다루고 있는 당대 최고의 사학사 입문서.

누가 일본의 얼굴을 보았는가
이규배 지음/신국판/264쪽

일본을 이해하는 데 있어 중요한 키워드 중 하나인 천황의 역사와 실체를 '객관적 사실과 기록'을 중심으로 파헤친 역저.

김정동 교수의 근대 건축 기행
김정동 지음/신국판/264쪽

명동성당에서 서울역, 화신백화점까지 한국 근대 건축물에 담긴 건축과 역사의 문화사.

나스카 유적의 비밀
카르멘 로르바흐/박영구 옮김/신국판/256쪽

고대문명의 마지막 수수께끼로 남은 페루 나스카 지상 그림의 비밀과, 그 그림을 알리고 보존하기 위해 평생을 사막에 바친 마리아 라이헤의 삶을 추적한 보고서.

역사의 길목에 선 31인의 선택
'99 한국간행물 윤리위원회 청소년 권장도서
'99 중앙일보 좋은책 100선 선정도서
우리 시대의 역사학자 18인 씀/신국판/340쪽

삼국시대부터 해방 공간까지 역사적 전환기를 이끌어 간 31인의 선택과 행적을 재평가하여 우리의 현재와 미래를 비추어 본 역사서.

일본주의자의 꿈
김용범 지음/신국판/296쪽

여성적인 동양이 남성적인 서양을 만났을때
이옥순 지음/변형국판/204쪽

내 아들 딸들에게 아버지가 쓴다
'99 중앙일보 좋은책 100선 선정도서
허경진 편역/신국판/292쪽

누가 왕을 죽였는가
이덕일 지음/신국판/292쪽

조각난 역사
프랑수아 도스/김복래 옮김/변형 국판/420쪽

사도세자의 고백
이덕일 지음/신국판/348쪽

누가 역사의 진실을 말했는가
'98 중앙일보 좋은 책 100선 선정도서
크리스티안 마이어/이온화 옮김/신국판/500쪽

영조와 정조의 나라
'98 중앙일보 좋은 책 100선 선정도서 / '98 한겨레 신문 상반기 추천도서
박광용 지음/신국판/339쪽

금관의 비밀
김병모 지음/4·6배판/213쪽

아톰@비트

첫판 1쇄 펴낸날 · 2000년 2월 2일
　　2쇄 펴낸날 · 2000년 6월 10일

지은이 · 정진홍
펴낸이 · 김혜경
편집주간 · 김학원
기획실 · 김수진 선완규 지평님
편집부 · 한예원 임미영 고연경 전병기
디자인 · 김진 이열매
영업부 · 이동훈 엄현진
제　작 · 김영희
관리부 · 권혁관 임옥희 윤혜원
인　쇄 · 백왕인쇄
제　본 · 정민제본

펴낸곳 · 도서출판 푸른숲
출판등록 · 1988년 9월 24일 제 11-27호
주소 · 서울시 서대문구 충정로 3가 270번지
　　　푸른숲 빌딩 4층, 우편번호 120-013
　　　http://www.prunsoop.co.kr
전화 · (기획실) 362-4457~8 (편집부) 364-8666
　　　(영업부) 364-7871~3
팩시밀리 · 364-7874

ⓒ 정진홍, 2000

ISBN 89-7184-265-2　03300

* 잘못된 책은 바꾸어드립니다.
* 저자와의 협약에 의해 인지는 생략합니다.
* 본서의 반품 기한은 2004년 6월 30일까지입니다.